MAURO CARDELLA

I CICLI DI BORSA

Come Prevedere i Massimi e i Minimi di Titoli e Mercati per Investire in Operazioni Speculative

Titolo

"I CICLI DI BORSA"

Autore

Mauro Cardella

Editore

Bruno Editore

Sito internet

http://www.brunoeditore.it

Sommario

Introduzione

In un sistema finito, con un tempo infinito, ogni combinazione può ripetersi infinite volte.

L'eterno ritorno dell'uguale è uno dei capisaldi di alcune correnti filosofiche. In base a questa teoria, l'universo muore e rinasce attraverso dei cicli temporali fissati e necessari. Anche i mercati sono soggetti alla legge dei cicli e utilizzando in modo adeguato questo principio: è possibile prevedere i punti di inversione di qualsiasi titolo o mercato, con riferimento sia al tempo che al prezzo con sufficiente anticipo e precisione. L'analisi ciclica si basa proprio su questo principio: la storia si ripete, i segnali si ripetono, gli errori si ripetono, si ripete il percorso dalla paura all'avidità e poi ancora giù alla paura.

Ritengo che, per comprendere appieno questa teoria, sia necessario partire, apparentemente, da lontano, parlando dei grandi cicli economici e, progressivamente, avvicinarci a quelli che più ci interessano, fino a fornire gli strumenti pratici all'utilizzo operativo, cioè come individuarli e come prevedere il possibile futuro. Ricordatevi: le ore che passerete a studiare saranno un piccolo investimento se paragonate al ritorno che ne avrete.

Vincere in borsa è la cosa più difficile del mondo, bisogna riuscire a forzare la propria natura e combattere, spesso, contro il proprio inconscio. Per vincere bisogna andare contro quegli istinti naturali e fare il contrario: ciò è difficilissimo quasi impossibile. Il metodo che vedremo ci permette almeno di pianificare correttamente le operazioni ed evitare frasi del tipo: «Ti prego Signore, fammi uscire da questo trade e prometto che non farò mai più trading», o «Perché mai sono entrato in questo trade? Avrei dovuto chiudere tutto quando ancora stavo guadagnando!»

Come gli abbaglianti di un'auto, una buona previsione illumina il terreno davanti a sé e ti aiuta ad adeguare gli interventi alle mutevoli condizioni di mercato. Il fine ultimo di questo modello di analisi è quello di disporre di un metodo operativo per riuscire a individuare le fasi iniziali e terminali di tendenze di mercato e di identificare, di conseguenza, il momento più opportuno per delle operazioni speculative. Però prima di iniziare lo studio delle principali tematiche connesse all'analisi dei cicli, è necessario conoscere e capire il funzionamento dei mercati finanziari. Infatti, la prima parte del libro è strutturata in modo da fornire al lettore, oltre che un quadro d'insieme, le necessarie conoscenze di base e, solo nei capitoli successivi, verranno esposte le tecniche e i problemi connessi all'analisi dei cicli.

Infine, come per tutti i manuali operativi, è consigliabile procedere gradualmente alla lettura e allo studio, seguendo la sequenza del testo in quanto, tutti gli argomenti trattati sono strettamente correlati tra loro. Passate all'argomento successivo solo quando quello precedente è stato ben affrontato e compreso in tutti i suoi aspetti, anche quelli che sembrano meno importanti.

CAPITOLO 1:
Cos'è un ciclo e come lo rappresentiamo

La Teoria dei cicli

La storia economica mostra che l'economia non cresce mai seguendo un percorso regolare e uniforme: si alternano alcuni anni di vivace espansione e di prosperità seguiti poi da una recessione o persino da una grave crisi. A quel punto il prodotto nazionale cala, i profitti e i redditi reali scendono e il tasso di disoccupazione sale a livelli elevati creando disagio sociale, mentre schiere di lavoratori perdono l'impiego.

Quando alla fine si tocca il fondo, inizia la ripresa, che può essere lenta o veloce, incompleta o tanto forte da portare a una nuova espansione. La prosperità può implicare un lungo periodo sostenuto di vivace domanda, posti di lavoro in abbondanza e tenore di vita in aumento, oppure può essere segnata da una fiammata inflazionistica, che sarà seguita da un'altra crisi.

In sostanza le oscillazioni del prodotto, dell'inflazione e dell'occupazione costituiscono il ciclo economico che caratterizza tutte le economie di mercato. Quali sono le cause dei cicli economici? Naturalmente esistono numerose teorie economiche che ne spiegano i motivi e che sono anche in competizione tra loro.

Ciascuna di queste teorie contiene elementi di verità, ma nessuna è universalmente valida in tutti i tempi e in tutti i luoghi. Nella nostra economia così dominata dalla finanza, la teoria che attualmente descrive meglio le cause dei cicli economici è quella monetarista, che attribuisce alla moneta e al credito l'espansione e la contrazione del ciclo economico.

Naturalmente il clima economico influenza i profitti della maggior parte delle imprese, se non di tutte, ed è ovvio che il prezzo di un'azione di una certa impresa è influenzato dalle prospettive dell'economia.

Il risultato è che gli indici di borsa, che sono dati dalla media dei titoli presenti, sono influenzati dalle stesse prospettive. Di conseguenza, che il trend corrente del mercato e la sua inclinazione siano in ripresa, in recessione o costanti, influenza la forma dei ritmi dei cicli. Tuttavia l'ordine ciclico generale che governa l'evoluzione di un qualsiasi mercato, nonostante si manifesti attraverso ondate di differente complessità, ampiezza e periodo, è caratterizzato da una sufficiente regolarità di fondo.

Ciò dovrebbe consentire a uno scrupoloso analista di cogliere le fasi cruciali del mercato: espansione, distribuzione, flessione e accumulazione.

Il principio dei cicli, applicato insieme ad altri indicatori, aiuta quindi a mettere meglio a fuoco le opportunità di acquisto o di vendita tramite l'identificazione di probabili *zone di tempo e di prezzo* dove un'eventuale inversione può verificarsi. La natura previsionale della teoria dei cicli ci consente di essere pronti ad agire non appena il mercato si comporta secondo le aspettative. Nell'analisi ciclica **il tempo** diventa l'ingrediente principale, esso non è più considerato un complemento ma diventa il soggetto.

SEGRETO n. 1: in ogni momento un certo numero di cicli è

simultaneamente in atto ed essi esercitano forze differenti in momenti differenti.

Più avanti vedremo la forza che i vari cicli esercitano sui prezzi portandoli al di sopra o al di sotto dei loro valori fondamentali in modo da essere in grado di valutare le probabilità future dei movimenti dei prezzi.

I cicli di maggiore durata

Il ciclo secolare più lungo è quello dei cinquanta/sessanta anni conosciuto come onda di Kondratieff (dal nome dell'economista russo Nicolai Kondratieff). L'economista, nel 1926, osservò che gli Stati Uniti avevano attraversato tre lunghe onde economiche, ciascuna della durata compresa tra i cinquanta e i sessanta anni. Anche altri economisti hanno notato una ricorrenza regolare di tali cicli in Gran Bretagna fin dal 1271.

Identificare quest'onda è importante perché, sopra ogni altro movimento ciclico, domina il trend secolare che viene identificato e monitorato tramite l'osservazione di questo lunghissimo periodo che a sua volta influenza e modifica tutte le altre fasi aumentandone o diminuendone l'inclinazione positiva o negativa. Inoltre, attraverso esso, si evidenziano le **giunture secolari** di grandi inversioni del trend, che corrispondono a mutamenti radicali nel tessuto economico e finanziario di un mercato. È importante sapere che la fase di passaggio da una tendenza secolare a una di direzione opposta, o anche da una fase di accumulazione a una fase di rialzo, è un processo che richiede un periodo di transizione lungo da 4 a 9 anni, peraltro caratterizzato da enorme volatilità e da grandi opportunità in entrambe le direzioni. Le fasi di questo lungo ciclo sono quattro e hanno queste caratteristiche:

1° Fase – Primavera

Inflazione e tassi crescenti ma bassi, crescita economica e borsa in rialzo.

2° Fase – Estate

Inflazione e tassi crescenti ed elevati, crescita economica e borsa in ribasso.

3° Fase – Autunno

Disinflazione, tassi in ribasso, crescita economica, borsa in rialzo.

4° Fase – Inverno

Disinflazione/Deflazione, tassi in ribasso, depressione economica, borsa in ribasso.

In particolare, dal 2000 l'economia americana si trova nella fase invernale del ciclo di Kondratieff, ma la Banca Centrale Americana e le altre Banche Centrali hanno cercato in tutti i modi di scongiurare tutto ciò risollevando l'economia in modo apparentemente indolore. Esse hanno immesso nel sistema economico/finanziario un'enorme quantità di moneta, creando in questo modo, la liquidità necessaria per risollevare l'economia. Solo nei prossimi anni potremo verificare le conseguenze di questo tipo di politica economica. Una delle variabili più importanti da monitorare per seguire questo ciclo, sono i prezzi di borsa deflazionati e il tasso delle obbligazioni a dieci anni.

La Figura 1 rappresenta l'indice della borsa americana deflazionato degli ultimi cento anni. Osserviamo le ultime due onde del ciclo di Kondratieff, la prima iniziata dopo la grande depressione degli anni '30 e finita negli anni '80 e la seconda partita proprio intorno ai primi anni '80 e tuttora in corso nella sua parte discendente. Da notare che nel precedente ciclo, la cui parte ribassista è durata 16 anni (dal 1966 al 1982), i prezzi di mercato in termini nominali sono rimasti sostanzialmente invariati, mentre in termini reali, cioè tenuto conto dell'inflazione, hanno subito una discesa paragonabile a quella della grande depressione. Ecco perché nel lungo periodo i grafici da analizzare sono quelli che tengono conto dell'inflazione: solo in questo modo possiamo misurare la reale ricchezza prodotta.

Figura 1

Inoltre, sempre dalla Figura 1, possiamo notare i tre picchi speculativi degli ultimi 100 anni della borsa americana; in questi casi la partecipazione del pubblico è massima e precisamente 1929 – 1965 – 2000.

Terminata la parte sana del ciclo inizia la parte ribassista cioè quella che viene chiamata parte malata cui segue un periodo più o meno lungo di stabilizzazione prima della ripartenza di un nuovo megaciclo. Gli altri cicli di lungo termine riscontrati nel mercato americano in maniera abbastanza attendibile sono il ciclo di 18 anni e il ciclo dei 9/10 anni. Vedremo più avanti di ritrovare questi cicli anche nel mercato azionario italiano. Quello che qui mi preme ricordare è che questi modelli sono di grande utilità per identificare i potenziali periodi di forza e di debolezza del mercato.

Il ciclo economico e il ciclo di borsa

Il più importante dei cicli di maggior durata è il cosiddetto ciclo dei quattro anni. Deve essere considerato la cornice da cui partire per avere una migliore comprensione delle forze all'opera. Esso corrisponde al ciclo economico che è riflesso nei movimenti principali *toro* e *orso* del mercato azionario. Esso si presenta con durate variabili tra i trentasei e i cinquantaquattro mesi in quasi tutti i mercati azionari occidentali ed è stato rilevato nei prezzi azionari fin dal 1871 con una costanza quasi misteriosa, anche se negli ultimi decenni la sua durata media si è allungata.

Infatti, si è verificato che, a causa degli effetti delle politiche monetarie delle Banche Centrali, i cicli economici, specie negli Stati Uniti, si siano allungati oltre la loro naturale durata. Si è passati dai classici 3,5/4,5 anni, a cicli che possono durare fino a 6 anni. Anche se, a metà del ciclo, si nota un certo rallentamento che viene contrastato dalle politiche di espansione monetaria il cui effetto è quello di dilatare i tempi naturali del ciclo economico.

Prima di addentrarci nello studio analitico dei cicli, ritengo sia necessario conoscere due dei più importanti speculatori dei mercati finanziari di tutti i tempi e precisamente Ralph Nelson Elliott e William Delbert Gann. Essi si dedicarono allo studio di serie storiche di prezzi, elaborando delle teorie le quali ipotizzavano che l'andamento dei mercati sarebbe governato da regole matematiche e geometriche e da sequenze ricorrenti di fluttuazioni. In pratica, noi come loro, dobbiamo valutare lo stato del mercato attraverso l'osservazione dei prezzi per poterne anticipare i movimenti mediante l'individuazione di formazioni grafiche ricorrenti e la ragionata applicazione di opportune strategie operative.

I grandi maestri Elliott e Gann

Ralph Nelson Elliott

Il primo teorico dei movimenti del mercato azionario è stato Charles H. Dow che sviluppò la teoria del ciclo di mercato dato da un impulso seguito da una correzione. Uno dei punti più importanti della teoria di Dow è quella di riconoscere una tendenza in base alla formazione di massimi e minimi che, se crescenti, confermano un trend al rialzo, se invece decrescenti, confermano un trend al ribasso.

Questa teoria è stata ripresa da Ralph Nelson Elliott e sviluppata in modo totalmente nuovo, infatti:

- fece uso delle linee di trend;
- studiò il volume;
- trattò la psicologia umana come la forza determinante dei movimenti di borsa.

Inoltre un vero e proprio complemento agli enunciati di Dow fu quello che, nella teoria di Elliott, viene chiamato il principio dell'Onda. Esso si fonda sul presupposto che ogni mercato rappresenta un fenomeno alimentato da flussi economici indotti da correnti psicologiche governate da leggi naturali; ove queste mancassero non sarebbe possibile registrare alcun equilibrio e i prezzi oscillerebbero disordinatamente e convulsamente.

SEGRETO n. 2: l'ordine generale di un mercato può dunque essere apprezzato solo considerando quest'ultimo come un fenomeno creato e alimentato dall'uomo, pertanto permeato da tutti quegli atteggiamenti irrazionali che quotidianamente configgono nel gruppo degli operatori (timore, avidità ecc.).

Questa diffusa emotività si esprime attraverso fasi di mercato tendenzialmente ricorrenti che si prestano a un'analisi tesa a identificare modelli complessivi di comportamento in base ai quali stabilire la direzione del movimento di mercato. Alla base della sua teoria vi è l'osservazione che la regolarità ritmica è stata la legge della creazione dall'inizio dei tempi. In particolare il principio base che regola l'universo e regola lo sviluppo di ogni fenomeno e forma di vita è la successione matematica di Fibonacci.

Tale legge naturale (in particolare il principio del tre su cinque) spiega quella regolarità ritmica che caratterizza tutti gli eventi e che sembra dare loro un andamento ciclico. Questa legge sarebbe in grado di spiegare tutte le azioni dell'uomo e quindi anche il mercato mobiliare che è sintesi delle sue aspettative, speranze e paure. L'approccio di Elliott allo studio della dinamica dei mercati finanziari, consiste proprio nella determinazione di regole e di strutture grafiche che ci aiutano a capire in quale punto del ciclo ci si trova. Partendo dal presupposto che i mercati sono sempre orientati al rialzo, anzitutto Elliott constata che la tendenza principale (impulso) è composta da cinque movimenti o onde, la correzione invece è composta da tre movimenti secondari. Quando la correzione termina, il ciclo è completato; esso risulta quindi composto da otto movimenti come quelli rappresentati in Figura 2.

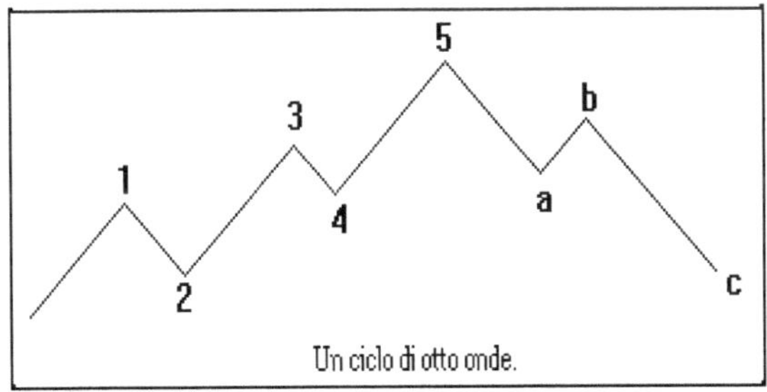

Figura 2

Dopo il primo ciclo si forma un altro ciclo e un altro ancora; il sistema da immaginare è quello delle scatole cinesi dove ogni scatola ha la sua sede in quella immediatamente più grande e racchiude quella immediatamente più piccola. In sostanza un ciclo completo è composto da 144 movimenti, suddivisi secondo il riassunto fatto nella Figura 3.

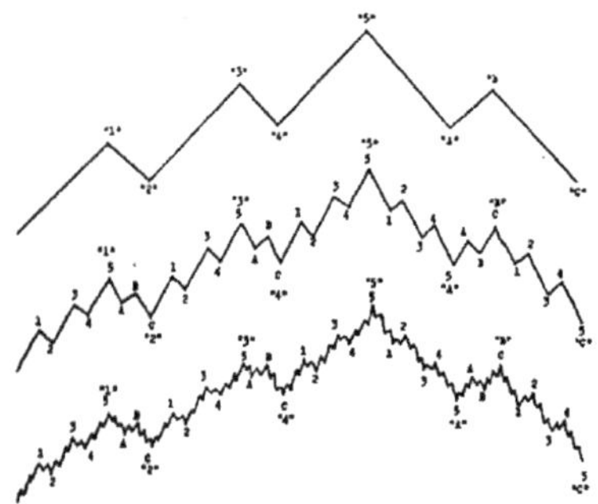

Figura 3

In Elliott affiora subito l'idea che i mercati e l'economia procedono a cicli o onde secondo una precisa gerarchia. La Teoria delle Onde di Elliott ha molto in comune con la cugina maggiore, la Teoria di Dow, entrambi descrivono in dettaglio l'andamento del mercato sulla base del modo in cui gli investitori e i trader agiscono e reagiscono in ogni punto dello sviluppo del trend. A questa impostazione generale Elliott aggiunge poi dei dettagli che tralascio perché non utili al nostro scopo.

Quello che è importante ricordare sono due concetti:

- Il mercato procede a cicli o onde;
- In ogni momento sono presenti diversi cicli.

Naturalmente esiste una classificazione dei cicli d'onda dove partendo dal ciclo più esteso, denominato *Grand Supercycle,* si distinguono altri otto cicli d'onda di grado inferiore che vanno da diversi decenni a pochi giorni. Quello che noi dobbiamo cogliere qui, perché ci servirà dopo, è il meccanismo usato che è quello di posizionare un ciclo all'interno di un movimento di grado superiore. L'andamento ripetitivo delle onde avvicina molto la teoria di Elliott a quella ciclica, ma da poca importanza al tempo, concentrandosi di più sulla forma e sull'ampiezza delle onde.

W. D. Gann

Gann, nella complessità e vastità dei metodi usati per la previsione dei mercati, oltre alla particolare importanza che attribuiva alla psicologia dell'investitore, riteneva altrettanto fondamentale lo studio dei cicli temporali.

Egli usava il concetto di ripetizione ciclica dei movimenti di borsa: «Quando il tempo scade, la tendenza si inverte». Il mercato si muove a ondate, con cicli composti da 3 o 4 sezioni o ondate. «Dopo una prima ondata di rialzi, non bisogna mai credere che il mercato abbia raggiunto il massimo, perché se si tratta davvero di un mercato *toro* dovrai aspettare ancora almeno 3 sezioni, se non 4, prima che raggiunga il massimo finale».

Così come: «In una situazione di mercato *orso*, ovvero con tendenza negativa, non devi mai credere che abbia raggiunto il minimo finale dopo il primo ribasso, perché ci vorranno ancora 3 o 4 sezioni prima che il ciclo orso possa dirsi concluso».

Intervalli di tempo: il fattore tempo è estremamente importante per determinare un cambiamento della tendenza, perché il Tempo può influire sul Prezzo. Infatti, quando i tempi sono maturi, anche il volume delle vendite tende ad aumentare, causando un aumento o una diminuzione dei prezzi.

W. D. Gann, il più grande trader di tutti i tempi, scrisse: «La speculazione o gli investimenti sono i migliori affari del mondo se li fate diventare dei veri e propri business. Ma per farne un successo dovete studiare ed essere preparati. Non tirate ad indovinare oppure seguire informazioni interne o dipendere dalla speranza o dalla paura. Se farete in questo modo, fallirete. Il vostro successo dipende dal conoscere il giusto tipo di regole e saperle applicare».

E ancora: «Gli avvocati, i dottori, gli ingegneri e gli altri professionisti che hanno successo, prima di fare i soldi, passano dai due ai cinque anni a studiare e a prepararsi a praticare la loro professione. La gente continua a speculare a Wall Street senza nessuna preparazione. Essi non hanno fatto nessun tipo di studio. Essi cercano di riuscire in qualcosa di cui non conoscono niente. C'è da meravigliarsi se perdono? Gli speculatori e gli investitori che tirano a indovinare, seguono le soffiate, le dicerie e i discorsi dei giornali oppure le cosiddette *informazioni interne*, non hanno alcuna possibilità di fare successo. A meno che non seguano un piano ben definito, basato sulla scienza della domanda e dell'offerta, essi possono essere certi che perderanno».

SEGRETO n. 3: il fattore più importante per la determinazione dei movimenti del mercato è il tempo. Esso ci dice quando il mercato esaurisce la sua tendenza e va nell'altra direzione.

La cosa più importante da fare è guardare come funzionano i cicli, confrontare quelli correnti con quelli del passato. Gann suggeriva di stampare tutti i cicli del passato su carta trasparente sovrapporli gli uni agli altri e confrontare i cicli attuali con quelli passati. Egli seguiva di ogni mercato, azione o commodities, numerosi cicli contemporaneamente; i più importanti sono:

- il ciclo maggiore di 120 anni;
- il ciclo maggiore di 90 anni;
- il ciclo master di 60 anni;
- il ciclo di 30 anni;
- il ciclo di 15/16 anni e così a seguire i cicli di 8 - 4 – 2 – 1 anno.

Inoltre ci sono tutti i cicli frazione di anno fino al ciclo di 8 giorni e ogni ciclo deve adattarsi entro ciascun altro. Quello che dobbiamo fare è imparare a leggere le onde e a usarle insieme ai punti di tempo e di prezzo. Infatti, mentre la teoria delle onde di Elliott ci da la posizione corrente del mercato (il presente), i punti di tempo e di prezzo di Gann ci dicono dov'è stato il mercato e dove sta andando (il passato e il futuro).

L'analisi ciclica ci permette di fare questo e di avere degli strumenti pratici che rispondono alla domanda su cosa fare, cioè quando:

- comprare;
- vendere;
- tenere la posizione attuale;
- non prendere una nuova posizione allo scopo di fare un profitto o limitare una perdita.

Le scatole cinesi

Per scatole cinesi in genere s'intende quando una scatola piccola sta dentro una scatola più grande la quale ne contiene un'altra e così via. Bene, i cicli seguono lo stesso principio, ognuno ne contiene degli altri ed è a sua volta contenuto da quello precedente. Questo principio è evidente sia nella teoria di Elliott sia in quella di Gann.

Tuttavia l'interazione dei vari cicli non è semplice da comprendere e non si può risolvere con un metodo puramente riduzionistico, cioè seguendo un solo ciclo e sperare di avere il segnale per comprare o vendere. Il riduzionismo è fuorviante in quanto, a causa della complessità delle interazioni, non siamo in grado di capire come si svilupperà il mercato.

SEGRETO n. 4: i cicli sono indiscutibilmente legati tra loro e l'intero sistema è costituito da varie parti tra loro interconnesse.

Infatti, quando si aggrega un certo numero di componenti, l'intero diventa qualcosa di più grande della somma delle sue parti. Facciamo un esempio: nessuno dei singoli pezzi di metallo di un aeroplano ha la proprietà di volare, ma quando sono montati insieme nel modo giusto, il risultato prende il volo.

Questo ci costringe a cambiare il tipo di approccio nel modo di elaborare un'analisi di mercato, seguire una strada a senso unico in direzione del microscopico è l'errore che commettono molti riduzionisti ed è la trappola che noi dobbiamo evitare.

Infine il modello di analisi operativa che andiamo a descrivere può indifferentemente essere applicato a qualsiasi dominio temporale e a qualsiasi tipo di mercato. L'obiettivo è quello di avere un modello operativo in grado di anticipare le fasi del mercato con lo scopo di poterle sfruttare a fini speculativi.

RIEPILOGO DEL CAPITOLO 1:

- SEGRETO n. 1: In ogni momento un certo numero di cicli è simultaneamente in atto ed essi esercitano forze differenti in momenti differenti.
- SEGRETO n. 2: L'ordine generale di un mercato può dunque essere apprezzato solo considerando quest'ultimo come un fenomeno creato e alimentato dall'uomo, pertanto permeato da tutti quegli atteggiamenti irrazionali che quotidianamente configgono nel gruppo degli operatori (timore, avidità ecc.).
- SEGRETO n. 3: Il fattore più importante per la determinazione dei movimenti del mercato è il tempo. Esso ci dice quando il mercato esaurisce la sua tendenza e va nell'altra direzione.
- SEGRETO n. 4: I cicli sono indiscutibilmente legati tra loro e l'intero sistema è costituito da varie parti tra loro interconnesse.

CAPITOLO 2:
Come si individuano i cicli

Analisi strategica del ciclo

In generale un ipotetico investitore dovrebbe evitare di rincorrere gli alti e bassi delle borse ed entrare e uscire continuamente dal mercato facendo così lievitare costi e tasse a scapito dei rendimenti. Il problema è che un investimento passivo, specialmente in determinati momenti di mercati sopravvalutati, rischia di avere un rendimento negativo anche per lunghi periodi.

A questo si può ovviare attraverso l'analisi strategica del ciclo. Anzitutto, dovremmo essere in grado di riconoscere il fattore scatenante dei grandi ribassi di borsa; distinguere cioè se si tratta di una momentanea crisi di fiducia o se ci si trova di fronte ad una vera e propria recessione. La differenza è fondamentale, in quanto nel primo caso il mercato si riprende nel giro di qualche settimana e quindi conviene aumentare la quota azionaria, nel secondo il calo potrebbe durare degli anni e qui si deve, naturalmente, uscire dal mercato.

Se è impossibile prevedere le crisi di panico (ad esempio attacco alle Torri Gemelle) con l'analisi del ciclo possiamo ragionevolmente ipotizzare l'arrivo della recessione proprio perché è un evento che tende a ripetersi ciclicamente.

La posizione ciclica

Il termine ciclo deve essere usato per significare un movimento che si presenta con qualche grado di regolarità in uno specifico arco temporale. Devono quindi esistere due punti di minimo chiaramente definibili in un intervallo di tempo, separati da un punto più alto noto come "massimo del ciclo" (vedi Figura 4).

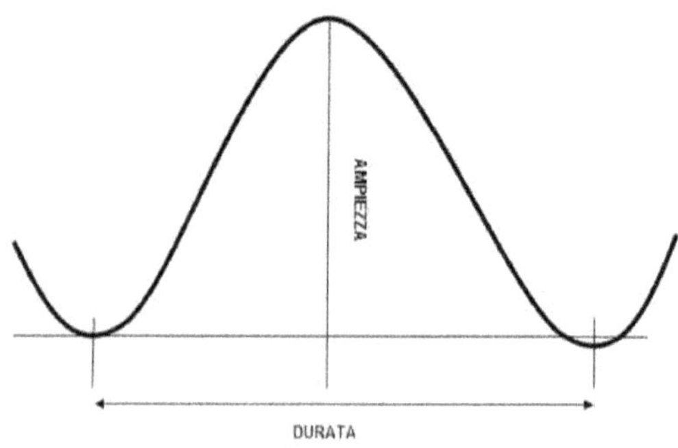

Figura 4

Per tutti coloro che decidono di approfondire i propri studi su questo tipo di analisi, un'importantissima guida di riferimento è il volume di James M. Hurst, *The Profit Magic of Stock Transaction Timing*. Devo avvertire che non è un testo di facile comprensione, però rappresenta ancora oggi una delle migliori esposizioni sull'analisi ciclica. Hurst, infatti, introduce un vero e proprio modello di analisi ciclica completo. Qui ci limiteremo a delinearne i principi fondamentali, che sono:

- **Il principio della somma**: i movimenti ciclici presenti nel mercato altro non sono che il risultato di una somma di diversi cicli. In Figura 5 possiamo vedere i singoli cicli separati mentre nella pratica questi sono tra loro intersecati;

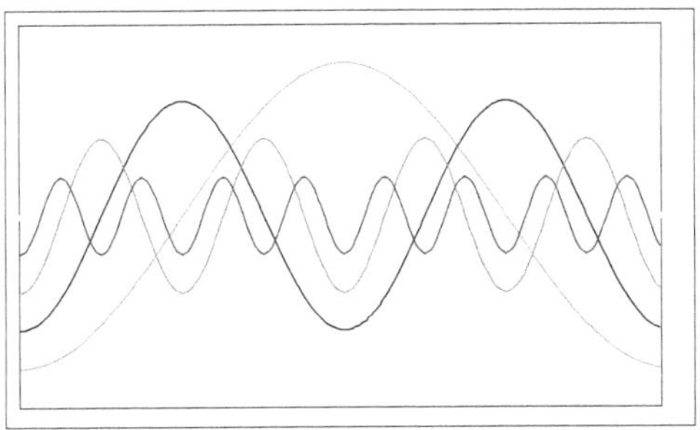

Figura 5

- **Principio della comunanza**: i cicli caratterizzano in maniera similare tutti i mercati;

- **Principio della nominatività**: i cicli sono in rapporto tra loro in maniera armonica, solitamente pari a due;
- **Principio della proporzionalità**: maggiore è la durata della componente ciclica, maggiore è la sua altezza;
- **Principio della variazione**: tutto quanto detto rappresenta una forte tendenza e non una regola fissa e immutabile.

Più avanti approfondiremo alcuni di questi principi in quanto fondamentali per la nostra operatività. Per adesso ci limitiamo a enunciarli in modo che comincino a radicarsi nella nostra mente. Un ipotetico modello di sviluppo del mercato potrebbe essere quello rappresentato in Figura 6 dato dalla somma, in questo caso, di tre cicli di diverse ampiezze temporali.

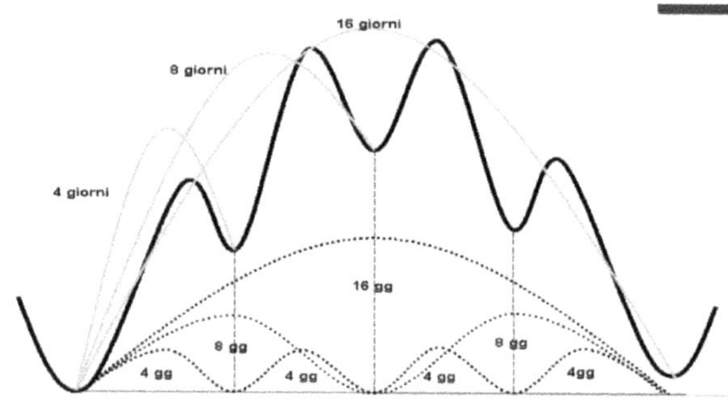

Figura 6

Qui ho voluto rappresentare un ciclo a 16 giorni con i suoi sottomultipli, quindi 8 e 4, ma potrebbe benissimo rappresentare il ciclo annuale, i due cicli semestrali e i quattro trimestrali o ancora il ciclo a quattro anni, quelli a due anni e i quattro cicli annuali.

Qualunque sia l'estensione temporale vale sempre il concetto fondamentale delle scatole cinesi. Altra cosa importante, sempre dalla figura sopra possiamo notare che, ad un certo punto, i diversi cicli tenderanno a formare dei minimi simultanei.

SEGRETO n. 5: la Sincronia consente di individuare il tempo in cui due o più cicli si trovano nel medesimo minimo, cioè il momento in cui l'investimento raggiunge il miglior rapporto rischio/rendimento.

Come si parte

Il primo passo è riconoscere quello che viene chiamato il **ciclo dell'economia**, la cui durata media è di circa cinque anni (questo può variare da 48 a 60 mesi), successivamente si individuano i cicli inferiori annuali, semestrali e i quattro trimestrali – chiamati comunemente intermedi – che durano circa tre mesi (da 60 a 80 giorni di borsa aperta).

Dobbiamo fare quello che chiameremo il **punto ciclico,** per stabilire in quale fase è collocato ogni singolo ciclo e la sincronia/armonia rispetto agli altri. Contate quindi i giorni trascorsi dall'inizio del rialzo e verificate la lunghezza dei vari cicli. Ai fini di una corretta gestione delle operazioni deve essere innanzitutto compresa la direzione della tendenza primaria di lungo termine. Questo renderà possibile una stima dello stadio di maturità della tendenza, in relazione al ciclo nel suo insieme. Devo ricordare che, sia quando si ragiona dei tempi in cui si può verificare un minimo o un massimo, sia quando s'ipotizzano dei possibili target di prezzo, parliamo sempre non di punti esatti ma di **intorni** (range di tempo o di prezzo) entro cui è lecito attendersi il verificarsi dell'evento. Più i cicli che andiamo ad analizzare, più sono lunghi e più ampi saranno gli intervalli che dobbiamo considerare.

Inoltre impariamo a pensare sempre in termini di probabilità quando cerchiamo di prevedere ad esempio l'ampiezza di un movimento. Probabilità che ci vengono dallo studio di precedenti serie storiche, in analoghe condizioni di mercato e che è lecito attendersi anche in futuro.

Tutte le analisi che facciamo si basano sull'esame di casi del passato, cioè su una guida valida ma non certa, in quanto non vi sono e non vi saranno mai due cicli identici.

SEGRETO n. 6: la flessibilità quindi è fondamentale, solo così possiamo riuscire a muoverci insieme al mercato, sfruttare il trend primario e mai opporsi ad esso, perché altrimenti si rischia di combattere una battaglia persa in partenza.

Le medie mobili e gli altri indicatori

Probabilmente le medie mobili sono nate insieme all'analisi tecnica. Esse erano uno dei pochi strumenti che era possibile costruire con calcoli manuali. Nella convinzione che spesso le cose più semplici danno i migliori risultati, noi utilizzeremo le medie mobili sia per individuare i punti di entrata ma soprattutto per determinare dei punti di uscita.

Infatti, se è vero che i segnali di ingresso che esse generano, specialmente l'incrocio di due medie, danno dei segnali tardivi, essi sono più efficaci nell'individuare i segnali di uscita. Ricordo che la particolarità di calcolo della media mobile risiede nel fatto che inserendo il dato più recente viene eliminato quello più vecchio; in questo modo si realizza una vera e propria traslazione in avanti.

La media è sicuramente l'indicatore più diffuso e il risultato che si ottiene è una linea che segue il grafico dei prezzi mostrando un andamento meno nervoso rispetto al sottostante.

Sicuramente le medie non rappresentano uno strumento ideale per il trading, infatti, molti analisti usano la **media mobile centrata**, cioè una media mobile semplice spostata a sinistra della figura di un valore pari alla sua metà, in modo da sovrapporsi al grafico sottostante. Il difetto di questo sistema è, principalmente, che manca la metà dei dati finali e si deve ricorrere all'espediente di presumere che i dati mancanti siano tutti uguali all'ultimo dato disponibile.

Noi qui utilizzeremo le medie mobili per la costruzione di un indicatore chiamato **Pista ciclica**, calcolato sulla base della differenza tra il prezzo e la propria media mobile:

$$PI = C - MM$$

C è il prezzo di chiusura e MM, la Media Mobile di riferimento. Nella Figura 7 è rappresentato una parte di un ciclo annuale dell'indice della borsa italiana diviso in cicli intermedi, rappresentati dalla sua pista ciclica. Come potete notare questo indicatore ci permette di visualizzare la maturità del ciclo e quindi l'eventuale punto di svolta ogni volta che si avvicina alla fascia superiore o inferiore. Com'è stata individuata questa fascia di oscillazione? Nulla di esoterico, solo studiando gli intermedi precedenti e osservando che le svolte avvenivano sempre intorno a questi livelli.

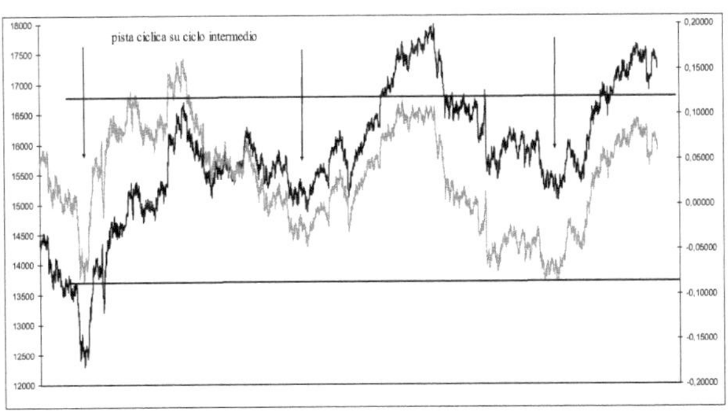

Figura 7

Costruiremo quindi una pista ciclica per ogni ciclo che seguiamo, in modo da avere una gerarchia dalla quale cercheremo di individuare la loro sincronia.

SEGRETO n. 7: la pista ciclica ha la capacità di anticipare i massimi/minimi dei prezzi cioè, i picchi positivi e negativi dell'indicatore sono in anticipo sui picchi del prezzo.

I segnali da cogliere sono:

- quando l'indicatore taglia dall'alto verso il basso la linea dello zero e viceversa;
- quando l'indicatore raggiunge i valori estremi e comincia ad invertire;
- un'eventuale divergenza, costituita da massimi crescenti sull'indice ma calanti sull'indicatore: questo significa una diminuzione di velocità dell'indice che normalmente precede un'inversione di tendenza.

Oppure possiamo utilizzare la **differenza tra due medie mobili**. In questo caso useremo due medie: una con periodo pari alla metà del ciclo e una con periodo pari ad un quarto o ad un ottavo della durata del ciclo; a sua volta possiamo scegliere se tracciare sul grafico le due medie e vedere quando si incrociano o rappresentare direttamente la differenza come ho fatto in Figura 8.

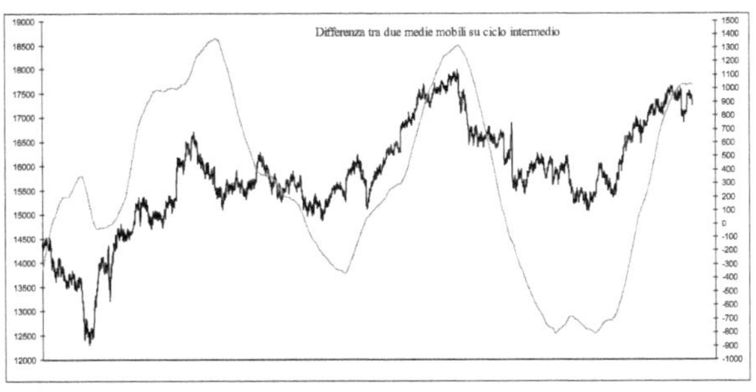

Figura 8

Sugli oscillatori non mi dilungherò molto, esiste una vasta letteratura al riguardo e non ritengo necessario ripeterla. Ricordo solo che lo scopo principale degli oscillatori, così chiamati perché appunto oscillano tra due valori estremi, è quello di seguire le tendenze e di porre in evidenza eventuali condizioni di iperestensione che rendono i prezzi soggetti all'inversione. Il principale tra questi è il Momentum (Quantità di Moto) le cui caratteristiche sono:

- misura la velocità del prezzo;
- forma tendenze che oscillano intorno all'asse dello 0;

- raggiunge livelli di massimo e di minimo dove in precedenza era avvenuta l'inversione dei prezzi.

In considerazione del fatto che calcola la velocità della tendenza, questo indicatore lancia importanti segnali, spesso con notevole anticipo rispetto ai prezzi, sulla probabilità che il trend presto potrebbe invertirsi.

Inoltre, queste linee crescono e diminuiscono verso le aree superiori o inferiori della scala, dove in precedenza era avvenuta la loro inversione; questi estremi mostrano l'iperestensione del mercato, ponendo in evidenza il fatto che il movimento dei prezzi probabilmente è andato troppo oltre e si potrebbe procedere, quindi, alla realizzazione dei profitti.

Il Momentum è la semplice differenza aritmetica tra il prezzo attuale e quello registrato N periodi prima. La logica sottostante è molto semplice: si otterrà una linea che oscilla intorno all'asse dello 0; quando i prezzi sono superiori a quelli di N giorni prima i punti si collocheranno al di sopra e viceversa.

Per questo genere di indicatori è necessario scegliere un lasso di tempo che rappresenta circa la metà del ciclo, in modo da effettuare il confronto tra il massimo e il minimo. Attenzione il suo scopo non è quello di segnalare i minimi e i massimi assoluti, ma quello di evidenziare che presto si potrebbe verificare un'inversione di tendenza.

Il pericolo è quello di una nuova accelerazione che può portare i prezzi molto più in alto, nonostante l'indicatore segnalasse il contrario. In ogni caso è improbabile che il movimento venga conservato. In queste situazioni si forma quella che viene comunemente chiamata divergenza ed è uno dei segnali per i quali tali indicatori sono famosi.

In conclusione bisogna fare attenzione ai punti di iperestensione, ma attendere i segnali di inversione successive. Un'ulteriore sviluppo che supera alcuni inconvenienti di questo indicatore è quello di esprimere la variazione tra i due prezzi non come differenza ma come rapporto, cioè quanto è più grande il prezzo di oggi rispetto a quello di N giorni fa.

In pratica la **velocità** va vista come il tasso di cambiamento dello spazio in funzione del tempo. Inoltre è importante sottolineare che, i picchi inferiori e superiori corrispondono ai punti massimi e minimi dei cicli rappresentati, mentre, l'attraversamento della linea dello zero, segnala l'inizio o la chiusura dei cicli stessi.

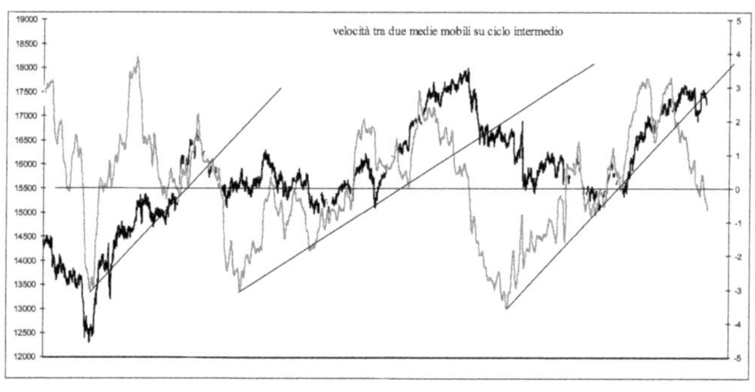

Figura 9

Tutto quanto fin qui detto è rappresentato nella Figura 9 sopra; dobbiamo anzitutto dire che qui la velocità è calcolata non come differenza tra il valore odierno e quello precedente, ma tra quello odierno e quello di 2000 osservazioni precedenti. Perché duemila? Perché qui vogliamo trovare i punti di svolta sul ciclo intermedio, che dura circa 60/70 giorni quindi circa cinquecento ore e considerando che il grafico è costruito con dati a 15 minuti, le osservazioni diventano 2000. Possiamo evidenziare che:

- La velocità ad ogni massimo e minimo importante varia tra +4 e -4 (scala a destra del grafico). Quando, come nel caso sopra, la velocità arriverà nuovamente intorno a -3/-4 sarà lecito aspettarsi un minimo;
- Quando la velocità rompe la sua trend-line abbiamo la conferma che il ciclo ha raggiunto il suo massimo e possiamo tentare qualche operazione al ribasso specialmente se quello superiore è anch'esso al ribasso;
- Infine, quando la velocità attraversa l'asse dello zero dal basso verso l'alto siamo abbastanza certi che sta iniziando un nuovo ciclo.

In tutti questi esempi ho appositamente utilizzato lo stesso periodo di borsa ed ho cambiato solo gli indicatori. In questo modo ci si può rendere conto, a parità di situazione, di come reagiscono gli indicatori, cosa ci segnalano e quali differenze ci possono essere.

Potevo andare a cercare dei grafici con dei cicli perfetti, ma quelli sono eccezioni e non la realtà con la quale invece quotidianamente ci troviamo a convivere. Tralascio, come ho detto prima, tutti gli altri indicatori esistenti lasciando a voi la possibilità di approfondire l'argomento e di scegliere quelli con cui vi trovate meglio. Infine, ricordo che ogni indicatore potrà dare importanti segnali ma nessuno da solo può dare la certezza sugli accadimenti futuri.

Personalità delle onde

Fondamentale è *entrare in sintonia con il mercato*, vedere come si muove e muoversi con lui. Per fare questo occorre riconoscere, tenendo conto di come si configurano le onde, in che tipo di mercato ci troviamo e cosa aspettarci. Anzitutto:

- i cicli superiori vanno osservati perché influenzano durata e cadenza temporale dei cicli minori;
- l'estensione di un ciclo è in funzione della sua durata, cioè quanto più lungo è il ciclo tanto più grande è l'oscillazione.

Onda 1: è l'onda con le minori probabilità di estendersi; quasi la metà di queste onde sono parte di una base e tendono ad avere una correzione profonda (onda 2), anche del 50% o più. Si riconoscono perché rispetto alle precedenti mostrano un incremento del volume e dell’ampiezza (Figura 10).

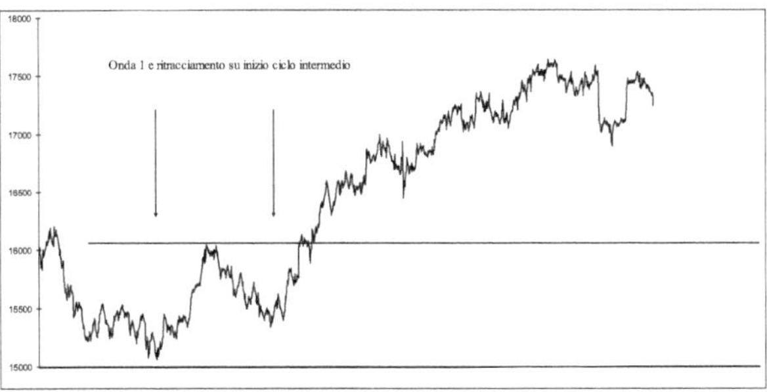

Figura 10

SEGRETO n 8: non si verifica quasi mai, nemmeno in condizioni di forte negatività, la presenza di una sola fase rialzista sul ciclo inferiore.

Ciò significa che avremo almeno un’altra fase rialzista per valutare la potenziale forza del mercato ed eventualmente uscire se ci si accorge di essere dalla parte sbagliata.

Onda 3: l’onda successiva è il centro del modello e di solito è la più lunga ed ampia e quella che sviluppa il maggior numero di transazioni perché vi partecipano tutti i titoli che di solito generano forti volumi di scambio. Non dimentichiamo che i guadagni che si vogliono realizzare sono, nella migliore delle ipotesi, tra la fine di una fase congestionata e la fine di una fase di trend (Figura 11).

Figura 11

È in questa parte del ciclo che dobbiamo ricercare il nostro guadagno anche perché la successiva correzione è dovuta al timore che il rialzo stia per esaurirsi. Non è raro assistere alla formazione di gap di continuazione e al superamento di importanti livelli di resistenza o di supporto di lungo periodo.

Gli indicatori da utilizzare sono quelli di tendenza come le medie mobili e non quelli di momentum (RSI, ROC ecc.) in quanto essendo già in condizioni di ipercomprato/ipervenduto, forniscono falsi segnali. La terza ondata dovrebbe raggiungere un obiettivo di prezzo situato sulla parte superiore del canale tracciato dai minimi/massimi dell'onda precedente.

L'ondata di correzione che ne consegue (onda 4) è molto importante per capire lo sviluppo successivo del trend e quindi dell'ultima onda rialzista del ciclo. Questa correzione non si estende mai sotto il prezzo massimo della prima onda, anzi, se il trend è molto forte può assumere la caratteristica di una fase di consolidamento laterale dei corsi.

Quindi, in base all'entità del movimento dei prezzi si potrà stabilire la forza della successiva onda d'impulso. In questa fase si manifestano le diverse aspettative degli investitori sull'evoluzione futura del mercato. Infatti, dopo un lungo rialzo è normale nutrire dei dubbi sulla capacità del mercato di confermare il trend e quindi l'arrivo di un imminente ribasso.

Onda 5: nell'ultima onda del rialzo la psicologia degli investitori crea una sopravvalutazione dei titoli e l'ottimismo è molto alto. Questa è un'onda che va studiata molto attentamente. Nel ciclo dei quattro anni ad esempio essa si sviluppa in genere quando il livello economico è alla massima espansione, le aziende sono ricche e il mercato fa notizia anche sui giornali non economici. Inoltre spesso si verificano delle divergenze negative (nel volume e negli oscillatori) rispetto al rialzo precedente.

Adesso passiamo dall'altra parte del ciclo quello ribassista. La prima ondata di ribasso si caratterizza per una velocità elevata e degli scambi superiori alla correzione precedente, da qui inizia la parte discendente del ciclo, anche se viene spesso interpretata come occasione d'acquisto. Nei cicli minori questa fase è caratterizzata da cattive notizie, ma nei cicli più grandi ci sono recessioni e panico e in quelli secolari grandi depressioni e guerre. In questo caso sono sempre i volumi che ci vengono in aiuto (in diminuzione nei rialzi e in aumento nei ribassi).

Il mercato reagisce a questo ribasso con un breve rialzo che costituisce **l'ultima occasione per uscire dal mercato**, anche perché segue un ribasso molto profondo dove i prezzi si ridimensionano anche di parecchio e qui vengono rotti i supporti con forte aumento dei volumi. Quest'ultimo impulso chiude il ciclo. Un'ultima considerazione sulla personalità delle onde.

SEGRETO n. 9: mentre i minimi del ciclo si presentano a intervalli regolari, i massimi del ciclo variano.

Essi possono arrivare in anticipo, a metà del ciclo o in ritardo. Perché? Perché comanda il ciclo dominante. Nella parte rialzista del ciclo superiore i massimi dei cicli inferiori sono **traslati** verso destra, quando il ciclo dominante sta percorrendo la parte ribassista i massimi di quelli inferiori vengono traslati verso sinistra. Questo principio si può vedere in azione nelle due Figure 12 e 13 seguenti:

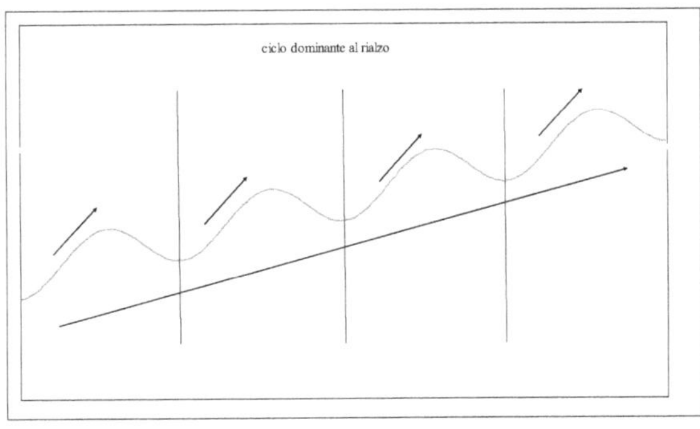

Figura 12

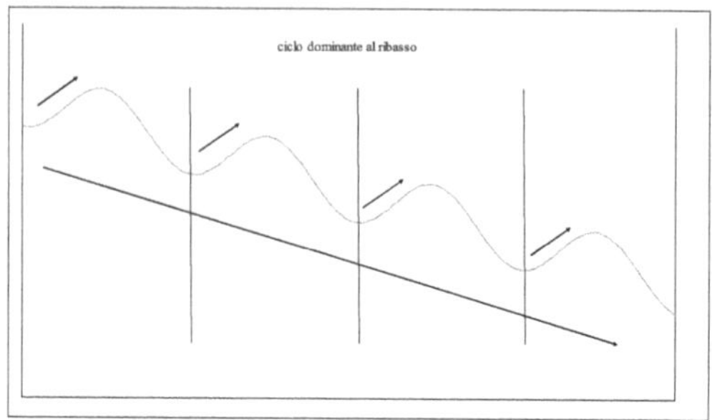

Figura 13

Ricapitoliamo alcuni importanti principi:

- più il ciclo è lungo, maggiore è l'ampiezza dei prezzi;
- più grande è il ciclo, maggiore è il significato del minimo;
- maggiore è il numero dei cicli che raggiungono un minimo pressappoco allo stesso tempo, più forte è il movimento dei prezzi che ne deriva;
- in una tendenza crescente il massimo del ciclo ha la caratteristica a "slittare verso destra", cioè a presentarsi dopo il punto che indica la metà del ciclo. Lo stesso principio rovesciato è valido per i mercati orso, cioè vi è una tendenza per il massimo del ciclo a muoversi verso sinistra.

Ripeto: quando il massimo si sviluppa poco dopo il minimo

significa che la parte ascendente del ciclo è debole e che la sua forza complessiva si trova nella parte discendente (Figura 14). Tale situazione in genere si conclude con un minimo più basso di quello del ciclo precedente.

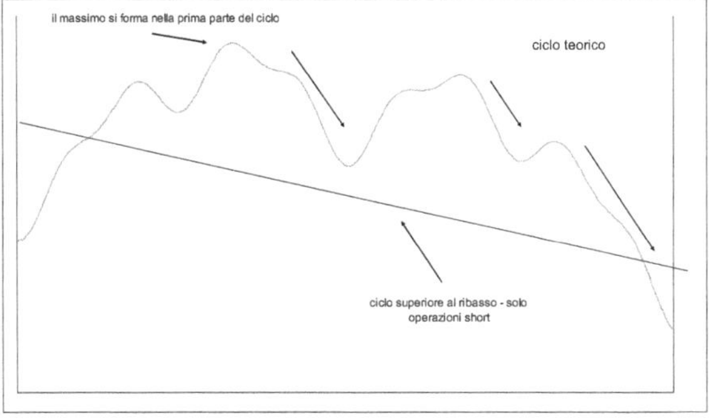

Figura 14

Similmente un massimo del ciclo che arriva in ritardo (Figura 15), che cioè arriva ben oltre la metà del periodo, normalmente indica un ciclo forte, con la conseguenza che il minimo, sarà superiore a quello che lo ha preceduto.

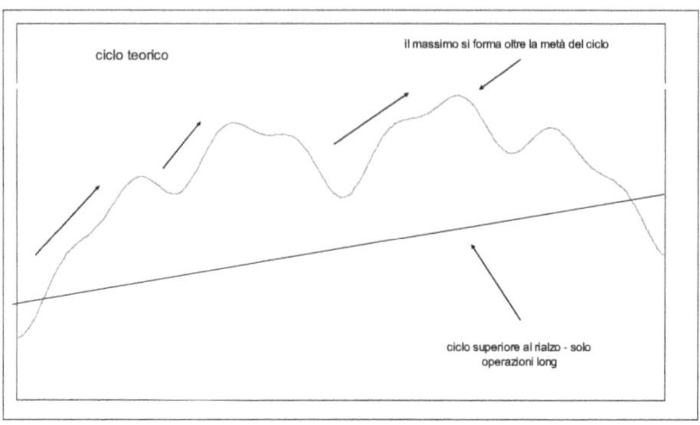

Figura 15

La flessibilità è fondamentale

Malgrado la loro potenza, tuttavia i cicli non sono avvenimenti rigidi che si ripetono sempre alla stessa maniera. Se i loro ritmi fossero tanto semplici, chiunque imparerebbe presto a misurarne i tempi e saprebbe quando comprare e vendere. Invece i cicli sono degli eventi flessibili, per cui le varie forze all'opera possono distorcerne la forma e/o allungarli o contrarli.

Ciò comporta che ogni ciclo differisce dal precedente fino a sembrare che esso sparisca. In simili situazioni, è necessario ricordare che è il sintomo ad essere sparito, non la causa.

Premesso questo, dobbiamo necessariamente supporre che la durata dei cicli e la loro struttura siano costanti, questo solo allo scopo di capire i concetti e arrivare alla formulazione di un sistema. Ma la realtà è diversa dalla teoria, ecco perché bisogna essere sempre attivi e flessibili. Occorre costantemente leggere in modo obiettivo le informazioni che provengono dal mercato, e se quest'ultimo indica che la nostra analisi non è corretta, dobbiamo agire subito. Imparando a considerare tutti gli aspetti e a essere flessibili, la teoria dei cicli, se usata congiuntamente ad alcuni indicatori, agli studi sul sentiment di mercato (psicologia dell'investitore) e ad altre forme di analisi tecnica, condurrà l'operatore a un livello di trading caratterizzato da una redditività crescente.

RIEPILOGO DEL CAPITOLO 2:

- SEGRETO n. 5: La Sincronia consente di individuare il tempo in cui due o più cicli si trovano nel medesimo minimo, cioè il momento in cui l'investimento raggiunge il miglior rapporto rischio/rendimento.
- SEGRETO n. 6: La flessibilità quindi è fondamentale, solo così possiamo riuscire a muoverci insieme al mercato, sfruttare il trend primario e mai opporsi ad esso, perché altrimenti si rischia di combattere una battaglia persa in partenza.
- SEGRETO n. 7: La pista ciclica ha la capacità di anticipare i massimi/minimi dei prezzi cioè, i picchi positivi e negativi dell'indicatore sono in anticipo sui picchi del prezzo.
- SEGRETO n 8: Non si verifica quasi mai, nemmeno in condizioni di forte negatività, la presenza di una sola fase rialzista sul ciclo inferiore.
- SEGRETO n. 9: Mentre i minimi del ciclo si presentano a intervalli regolari, i massimi del ciclo variano.

CAPITOLO 3:
Come scegliere il ciclo su cui operare

Con analisi dei cicli si passa dalla speranza che un movimento di borsa possa o meno proseguire nel tempo, all'individuazione probabilistica dell'evoluzione dello stesso. La prima cosa da fare è decidere su quale ciclo si vuole operare: lungo, medio o breve. Questo varia da persona a persona a seconda del tempo che si può dedicare al mercato, dal proprio carattere, da quello che si vuole rischiare, di quanto denaro si ha a disposizione e dai propri obiettivi.

Anche noi piccoli investitori dobbiamo impegnarci nella costruzione di una strategia dettata in parte dal buon senso e in parte dallo studio. Per **lungo periodo** io intendo operare sul ciclo annuale; in questo caso i cicli da seguire sono quelli che vanno dai 4 anni ai 60 giorni.

Il **medio periodo** vuol dire operare sul ciclo intermedio (60 giorni di borsa aperta) e seguire i cicli da 8/16 giorni fino a quello annuale.

Se decidete invece di operare nel **breve termine** i cicli da seguire sono quelli che vanno dai 2 gg. operativi fino a quello mensile. In quest'ultimo caso, ad esempio, le operazioni al rialzo vanno fatte fino a quando il ciclo mensile è al rialzo, restando fuori dal mercato nelle correzioni e, viceversa, prendendo posizione al ribasso dopo che il ciclo mensile è anch'esso al ribasso.

Naturalmente, anche se non sono oggetto di studio approfondito in questo testo, esistono i cicli intraday. Non tratto questi cicli perché ho visto troppe persone diventare Fib-dipendenti con conseguenze negative, trascurando lavoro e famiglia e destinati a perdite sicure. In ogni caso i cicli interessati sono quelli che vanno da 4/8 ore a 64 ore, con grafico a barre da 5 minuti.

SEGRETO n. 10: scelto il ciclo su cui operare la prima cosa da fare è la costruzione dei grafici e dei loro indicatori settati in base al periodo prescelto.

La regola generale per le medie è di usarne una pari alla metà del ciclo e una pari ad un quarto della precedente. L'incrocio delle due ci darà i segnali di partenza del ciclo o la sua inversione. Per gli indicatori i periodi da utilizzare sono in genere quelli pari alla metà del ciclo prescelto.

Iniziamo con l'esaminare l'operatività su un ciclo di **lungo periodo**, prendendo come esempio quello sull'indice della borsa italiana nel 2003/2009. In questo caso il ciclo è durato addirittura sei anni e precisamente quattro di rialzo e due di ribasso. Questo, secondo me, doveva essere il classico ciclo rialzista con una correzione nell'ordine del 50%, dopo un rialzo di più del 110%, ma lo scoppio della grande crisi ha aggravato la correzione fino a farlo diventare ribassista (Figura 16).

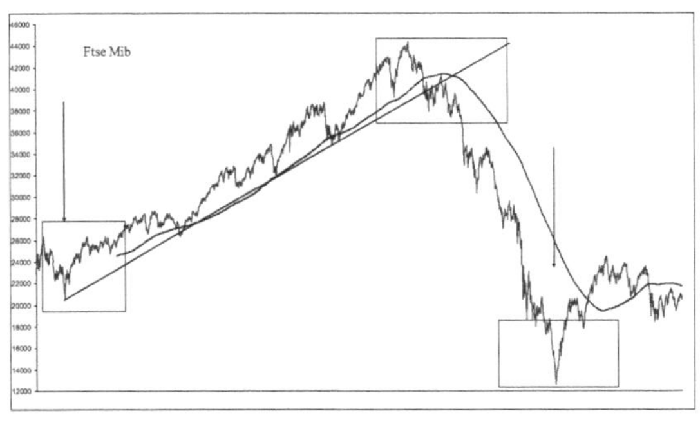

Figura 16

Se operiamo sul ciclo annuale anzitutto bisogna stabilire la tendenza di ordine superiore. Come?

- il tempo trascorso dal precedente ciclo;
- i segnali provenienti dagli indicatori;
- gli incroci delle rispettive medie.

Nel nostro caso, il ciclo superiore all'annuale è al rialzo, quindi operazioni solo long, rimanere fuori o accumulare nelle correzioni fino a quando il ciclo superiore non inverte la rotta e diventa ribassista, in questo caso occorre capovolgere l'operatività. Vediamo nel dettaglio di individuare il miglior punto d'ingresso o comunque quello che offre il minor rischio.

In Figura 17 ho rappresentato il dettaglio del primo dei sei cicli annuali diviso nei suoi quattro cicli intermedi. In questo caso il migliore punto d'ingresso sarebbe stato il superamento della linea di resistenza sul primo intermedio che interrompe la serie di massimi decrescenti del ciclo precedente.

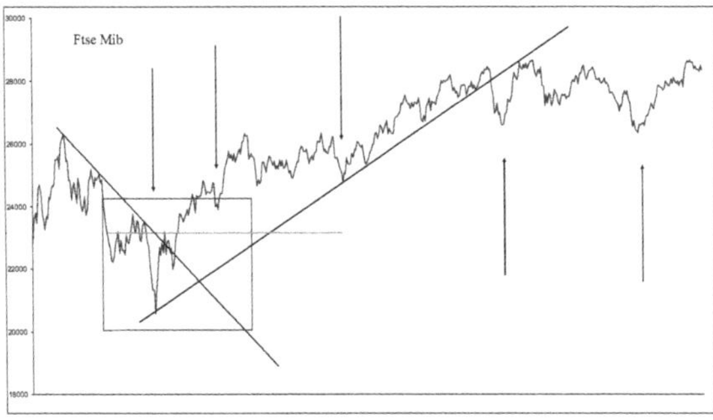

Figura 17

Individuato il punto d'ingresso dopo il superamento del massimo del ciclo inferiore, subito dopo si inserisce uno stop loss. Dove? Se veramente è iniziato un nuovo ciclo rialzista i minimi devono essere tutti crescenti, quindi un eventuale zona dove chiudere l'operazione potrebbe essere sotto il minimo precedente.

A questo punto dobbiamo sapere dove uscire e qui le cose diventano più complicate in quanto si deve inserire il nostro ciclo all'interno dei cicli superiori: ciclo superiore al rialzo, uscire e rimanere fuori dal mercato alla rottura della trend-line che ha sostenuto tutta la parte rialzista del ciclo (siamo già sul terzo intermedio, siamo in guadagno non è il caso di rischiare oltre). Si rientrerà sul primo intermedio, o secondo se non si è sicuri, del secondo annuale e così via fino a quando il ciclo superiore di lungo periodo non gira al ribasso. In Figura 18 abbiamo il dettaglio del top del 2007 nonché massimo di tutto il ciclo di lungo periodo.

Figura 18

Siamo al quarto anno di rialzo gli indicatori sono tutti sui massimi, dobbiamo prestare la massima attenzione, sappiamo che il tempo è più che scaduto e un'inversione sul ciclo superiore è quasi sicura. Dove usciamo? Qui il rischio è alto si esce alla rottura della prima trend-line che ha sostenuto il rialzo del ciclo annuale. Quando si entra di nuovo al rialzo?

Mai! Il ciclo è maturo l'indice rompe la linea di resistenza che ha sostenuto il rialzo degli ultimi anni, viene perforata anche la media mobile di lungo periodo, il ciclo diventa ribassista e le nostre operazioni devono essere tutte impostate al ribasso con i ragionamenti uguali e contrari a quelli appena fatti.

Ultima analisi: uscita dalla posizione ribassista, in questo caso l'individuazione del miglior momento è abbastanza complicata, in quanto si proviene da un ribasso devastante con vere e proprie crisi di panico. Difficile stabilire quando il ribasso è terminato.

Dall'analisi della Figura 19 probabilmente il punto migliore sarebbe stato alla rottura dell'indice dal basso verso l'alto della trend-line discendente o, se vogliamo essere più sicuri, alla rottura della media mobile del ciclo annuale.

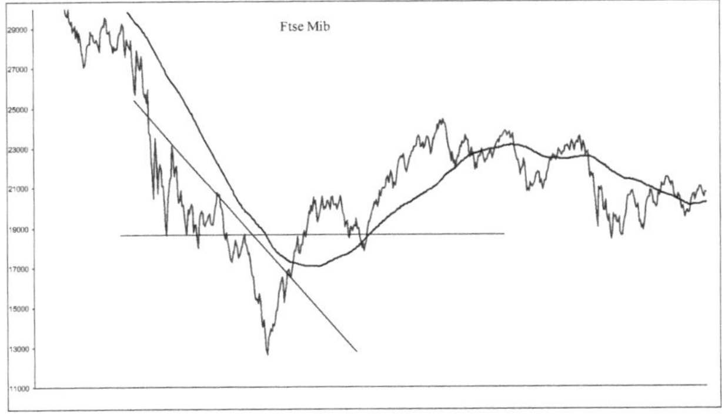

Figura 19

SEGRETO n. 11: un grande maestro di borsa diceva sempre: lascio il primo 25% del rialzo/ribasso a quelli bravi, lascio l'ultimo 25% del rialzo/ribasso a quelli bravissimi, io mi accontento del 50% che sta in mezzo.

In questa massima è racchiuso il segreto per vincere in borsa. È inutile cercare di entrare sui minimi o uscire sui massimi per potersi poi vantare di essere stato bravo. In borsa si opera per guadagnare e basta. Con quali strumenti possiamo operare? Qui la scelta si fa molto personale, però essendo i tempi lunghi e le operazioni poche si potrebbe prendere posizione con degli ETF, volendo anche con quelli a leva, sia al rialzo che al ribasso. Sono regolarmente quotati e a differenza delle opzioni, il trascorrere del tempo non ne deprezza il valore.

Passiamo al trading di **medio periodo** che è quello che preferisco. Ricapitoliamo:

- ciclo da seguire intermedio, 60 giorni circa di borsa aperta con una tolleranza di almeno il 15%;
- ciclo superiore per stabilire il verso delle operazioni, quello annuale;

- ciclo inferiore, per individuare con maggiore tempestività i punti di ingresso e di uscita a 8/16 gg.;
- per i dati utilizzare le barre ad un'ora.

Quali medie usare? Facciamo due conti. Durata dell'intermedio 480 ore, quindi medie da 240 periodi o ore per quella lunga e 60 ore per quella corta. Per gli indicatori N sarà uguale a 240 periodi precedenti. In Figura 20 rappresentiamo il classico ciclo intermedio inserito all'interno di un ciclo annuale, questa volta al ribasso.

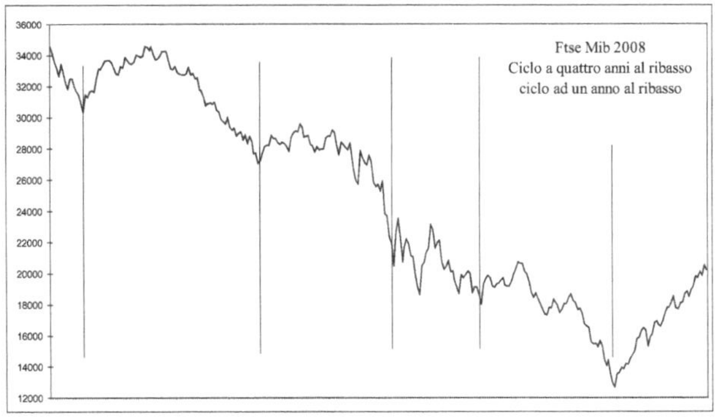

Figura 20

In questo caso, anche se i cicli superiori sono tutti al ribasso, il mercato per i primi 15/20 giorni non scende; i massimi da monitorare per un'eventuale operazione saranno quelli del primo e secondo ciclo a quindici giorni dei quattro che compongono l'intermedio.

Inoltre esso ha una notevole ampiezza e permette delle operazioni abbastanza sicure. Abbiamo quindi tutto il tempo, nel caso di un ingresso errato, di uscire dal mercato. Viceversa nel caso di un ciclo al rialzo, sappiamo che alla sua partenza il trend è molto sostenuto specialmente se insieme ad esso partono altri cicli più grandi, così come anche la chiusura sarà altrettanto violenta. Abbiamo cioè buone possibilità di guadagno con un rischio relativamente basso.

Lo strumento migliore potrebbe essere l'acquisto di opzioni call o put a seconda della direzione da prendere con scadenza almeno a tre mesi, in modo da neutralizzare l'effetto tempo e due o tre basi superiori all'indice.

In questi casi le opzioni offrono una buona leva e proteggono da ribassi improvvisi; a fronte di un guadagno teorico che va mediamente da un 10 a un 30%, pur non mettendo uno stop automatico, non abbiamo perdite illimitate; il massimo che si può perdere, se non si è usciti prima, è il valore dell'opzione.

Infine, se vogliamo operare sul breve periodo, ci dobbiamo concentrare sul ciclo a 8 giorni; per la direzionalità delle operazioni comanderà il ciclo mensile e per gli ingressi e le uscite il ciclo a uno o a due giorni. Il grafico in questo caso dovrà avere le barre a 15 minuti, tutte le medie e gli indicatori devono essere adeguati ai tempi che abbiamo scelto: ciclo ad otto giorni, 64 ore per un totale di 256 osservazioni; medie da usare 120 e 30.

Con quali strumenti operare? In questo caso le opzioni sono meno indicate, questo perché in media su questo ciclo il margine su cui possiamo sperare di avere un guadagno abbastanza sicuro è tra i 300 e i 500 punti. Lo strumento ideale è il minifib o il future per i più temerari. L'ideale sarebbe operare con due minifib, per un ingresso frazionato sul mercato (cioè in due momenti diversi) in modo da minimizzare il rischio.

Qualcuno si domanderà: «Perché queste alternative e non una

regola esatta?» Il problema è che, come vi accorgerete nella pratica, difficilmente troverete dei cicli perfetti dove possono valere le rigide regole stabilite a priori. Nella realtà può capitare che il ciclo a otto e quello a quindici giorni si fondano insieme per farne uno da dodici, altre volte può accadere che il ciclo a due giorni, che noi seguiamo per l'entrata, non sia così chiaro da darci il segnale che cerchiamo e allora aspetteremo il ciclo più grande per la nostra operazione. Allora può succedere di tutto? Certo e non possiamo prendercela con nessuno. Ci basta sapere che nella maggior parte dei casi le regole vengono rispettate e questo ci da un enorme vantaggio in termini di aumento delle probabilità di operazioni vincenti.

SEGRETO n. 12: noi assumiamo come ipotesi che i cicli rimangano costanti sia nel tempo che nell'ampiezza perché solo così possiamo stimare la probabile posizione spazio-temporale del mercato.

Ma qualcuno si chiederà: «Esiste un metodo scientifico per stabilire se quello che inizia è un nuovo ciclo e non la continuazione di quello precedente? Esiste cioè un sistema facilmente utilizzabile che ci permette di individuare con una buona approssimazione che tipo di ciclo sta iniziando?»

Naturalmente esistono diversi sistemi, ma quello che, a mio avviso coniuga la semplicità con un certo *rigore matematico* è quello di paragonare i cicli precedenti con quello in partenza. Potete quindi, usando Excel, mettere a confronto diversi cicli sovrapponendoli e analizzarne le differenze sia in termini di tempo che di ampiezza e volume. Andremo quindi a verificare, anche visivamente, se i prezzi del ciclo attuale sono più forti e veloci dei cicli precedenti e come si comportano i volumi nelle varie situazioni.

Se ad esempio vogliamo capire se l'attuale rialzo sia l'inizio di un nuovo ciclo annuale o un altro intermedio, dobbiamo mettere a confronto quello attuale con quello precedente per come abbiamo spiegato sopra. Inoltre consiglio di confrontare anche il nuovo rialzo con quelli dei precedenti anni. Vediamo come esempio le seguenti due figure dove ho messo a confronto i tre cicli intermedi di un annuale al rialzo.

Figura 21

Anzitutto qui possiamo notare che il primo ciclo intermedio, essendo contemporaneamente iniziato anche un nuovo ciclo annuale, è molto forte e il ritracciamento si mantiene nella norma (circa il 30%).

Il secondo intermedio inizia ad essere meno tonico del precedente (rialzo del 17% contro il 30% del primo), segno che la spinta rialzista comincia a esaurirsi. Infatti, il secondo ribasso è più forte del primo (siamo all'80%). Infine il terzo, stessa spinta del secondo ma ancora meno convinta. Infatti, sul grafico annuale non riesce a fare un massimo superiore al precedente. Il movimento in direzione opposta al trend che ne consegue supera il 100%. Andiamo avanti con la Figura 22.

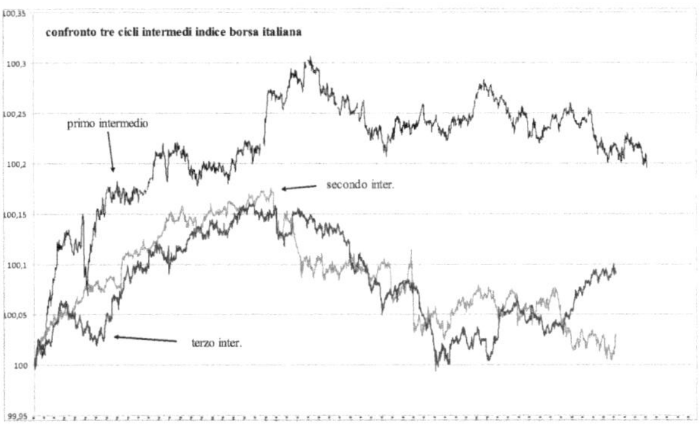

Figura 22

Notiamo subito che il terzo intermedio ha qualcosa di anomalo: infatti, dopo aver ritracciato il 100% del precedente rialzo invece di fare un'ultima gamba ribassista, fa un doppio minimo (in un ciclo ribassista tutti i minimi devono essere decrescenti) e nel successivo ciclo fa un massimo superiore al precedente (cosa non compatibile perché i massimi devono essere decrescenti).

Tutto questo ci mette subito in guardia: qualcosa è cambiato. Il terzo intermedio è finito prima del tempo e ne è iniziato un altro che può essere o il quarto e ultimo dell'annuale in corso o il primo di un nuovo ciclo annuale. Continueremo quindi la nostra analisi mettendo a confronto i precedenti cicli annuali con questo nuovo rialzo e così via. Vedete come, dal semplice confronto dei cicli, è possibile trarre in anticipo preziosissime informazioni circa il possibile evolversi del mercato in modo da pianificare le nostre operazioni. Non sottovalutate mai questi confronti, riescono a fornire molte più informazioni di quanto voi pensiate. Questo sistema può essere naturalmente impiegato per confrontare qualunque tipo di ciclo.

La Sincronicità

Tra i concetti base dell'analisi ciclica abbiamo parlato più volte della sincronicità dei cicli.

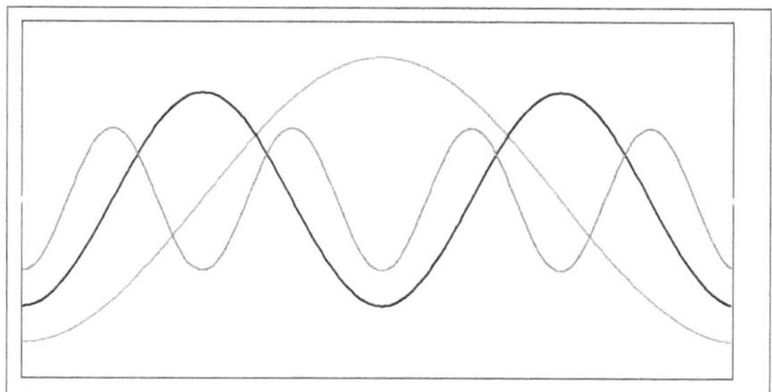

Figura 23

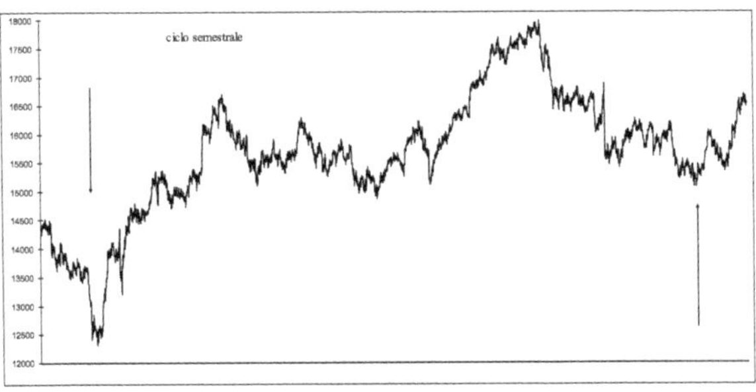

Figura 24

Queste due Figure (23 e 24) vanno guardate insieme: la prima sono i cicli nella teoria, la seconda i cicli nella pratica. Nella Figura 24 è rappresentato un recente ciclo semestrale della borsa italiana dove è evidente la sua divisione in due cicli trimestrali e nei quattro mensili (30/32 giorni di borsa aperta), esattamente come nella Figura 23 dei cicli teorici. Guardate il movimento rialzista di inizio mensile, intermedio e semestrale come si traduce in un rialzo continuo per più di quaranta giorni e un incremento dell'indice di più del 30%. In questo caso tutti i cicli sono sincronizzati e gli errori di entrata diminuiscono di molto. Analogamente per il ribasso tutti i cicli dal semestrale in giù sono in fase ribassista e questo si è tradotto in un ribasso di circa il 50% di tutto il precedente movimento al rialzo.

SEGRETO n. 13: quando siamo in presenza di una sincronizzazione direzionale di più cicli le probabilità di successo aumentano in modo esponenziale.

Lo studio della sincronia è un prezioso strumento da utilizzare per le nostre operazioni di borsa. Come possiamo fare allora per tradurre la teoria in pratica? Suggerisco di costruire una semplice tabella dove raccogliere tutte le informazioni necessarie in modo da avere sempre la situazione sotto controllo, un esempio potrebbe essere quello della Tabella 1 qui sotto:

Ciclo	Posizione ciclica	Incroci MM	Velocità	Pivot Point	Stop loss
250 gg. Anno	Rialzo	Si	> 0		
125 gg.	Rialzo	Si	>0		
65 gg. Inter.	Rialzo	No	<0		
32 gg Mens.	Ribasso	Si	>0		
16 gg.	Ribasso	No	<0		
8 gg	Rialzo	Si	>0		

Tabella 1

Quando tutti i cicli che a noi interessano vanno nella stessa direzione (almeno tre) abbiamo la sincronizzazione; verifichiamo sempre l'incrocio delle medie mobili, se la velocità ha attraversato la linea dello 0 ecc. Naturalmente nella tabella ci metteremo tutto quello che a noi interessa in base al piano e agli indicatori che abbiamo scelto di utilizzare.

Solo quando la direzionalità di tutti i cicli è evidente, le opportunità di accelerazioni sono maggiori e di conseguenza, anche le probabilità di successo sono a nostro favore. Vi consiglio di rileggere attentamente questo paragrafo cercando di mettere in pratica i suggerimenti dati, studiate e cercate di applicare nelle vostre operazioni questo importante principio.

RIEPILOGO DEL CAPITOLO 3:

- SEGRETO n. 10: Scelto il ciclo su cui operare la prima cosa da fare è la costruzione dei grafici e dei loro indicatori settati in base al periodo prescelto.
- SEGRETO n. 11: Un grande maestro di borsa diceva sempre: lascio il primo 25% del rialzo/ribasso a quelli bravi, lascio l'ultimo 25% del rialzo/ribasso a quelli bravissimi, io mi accontento del 50% che sta in mezzo.
- SEGRETO n. 12: Noi assumiamo come ipotesi che i cicli rimangano costanti sia nel tempo che nell'ampiezza perché solo così possiamo stimare la probabile posizione spazio-temporale del mercato.
- SEGRETO n. 13: Quando siamo in presenza di una sincronizzazione direzionale di più cicli le probabilità di successo aumentano in modo esponenziale.

CAPITOLO 4:
Come trarre profitto dalla conoscenza dei cicli

Devi investire il tuo denaro sempre con le probabilità nettamente a tuo favore, non puntare mai contro il ciclo superiore perché le probabilità sono contro di te; questo significa, in alcuni, casi rimanere fuori dal mercato e attendere; ma hai imparato il metodo e ti senti invincibile, vorresti operare sempre, guadagnare in ogni minuto di borsa aperta. Così facendo, però, inevitabilmente, ti ritroverai a combattere contro la tua impazienza e la tua avidità.

In borsa si gioca per vincere e non per dimostrare di essere superiori. Devi trovare la tecnica che ti è più consona in base alla tua propensione al rischio e allo strumento finanziario con cui operi. Sviluppa, secondo queste tecniche di base, una tua operatività. In questo modo sei tu che decidi quando entrare e quando uscire dal mercato.

Anche il volume è ciclico

Ho volutamente lasciato per ultimo la trattazione dei volumi non perché meno importanti ma, al contrario, per trattarli separatamente e dedicargli il giusto spazio. Dow notò subito l'importanza della quantità degli scambi e un principio della sua teoria afferma che: «Il volume degli scambi segue la tendenza». Infatti, un consistente movimento necessita di un buon volume per essere confermato.

La conoscenza del principio che il volume si muove con la tendenza dei prezzi fornisce quindi un'utile conferma dell'andamento del prezzo, ma il suo studio è anche vantaggioso, in quanto frequentemente esso anticipa la tendenza dei prezzi.

SEGRETO n. 14: il volume anticipa la tendenza dei prezzi offrendo in tal modo un avviso tempestivo di una potenziale inversione di tendenza.

Mettete quindi a confronto il ritmo del cambiamento intermedio o annuale dei prezzi con il cambiamento intermedio o annuale dei volumi. In pratica costruitevi anche il ciclo sui volumi con le relative medie mobili e velocità e vedrete che, nella maggior parte dei casi, il ritmo del suo cambiamento anticipa quello del prezzo, specialmente sui minimi. Inoltre, sono stati ideati alcuni indicatori allo scopo di incorporare la funzione del volume; uno dei più noti è l'*On Balance Volume.*

Questa linea è costruita unendo il prezzo e il volume; se il prezzo chiude a un livello superiore rispetto al giorno precedente, al volume viene dato un valore positivo. Accade il contrario se il prezzo chiude ad un livello inferiore. La linea OBV rappresenta un totale cumulativo in continuo movimento e dovrebbe confermare la tendenza del prezzo. Se non avviene, dobbiamo far scattare il campanello d'allarme.

O ancora il volume upside/downside, costruito cumulando le differenze tra il volume totale giornaliero delle azioni al rialzo e di quelle in ribasso. La linea che ne consegue cresce durante i mercati al rialzo e decresce durante i mercati in declino. Il principio è sempre lo stesso: quando la linea non riesce a confermare un nuovo massimo o minimo dei prezzi, essa mette sull'avviso di una potenziale inversione.

La upside/downside line è particolarmente utile nei casi in cui i prezzi possono essere crescenti verso nuovi massimi e il volume globale è in espansione. In tal caso, se il volume delle azioni in ribasso sta crescendo in confronto a quello delle azioni al rialzo, ciò si tradurrà in un più lento tasso di crescita della linea o in un vero e proprio declino. Naturalmente non dovete usare tutti questi indicatori insieme, ma scegliete sempre quello che vi sembra più appropriato. Il volume può essere un elemento di decisione quando sei incerto. Può essere un filtro che ti dice di entrare o uscire.

I Pivot Points

Fissiamo sempre degli obiettivi di prezzo! Facile, ma come? Tra le tante possibilità, alcune delle quali molto discutibili, una che ha una certa logica, se vogliamo matematica, è quella dei Pivot Points.

Sono strumenti di analisi tecnica che evidenziano dei livelli di prezzo intorno ai quali i valori hanno manifestato una certa resistenza alla prosecuzione della tendenza in atto. A sua volta da questi punti è possibile calcolare dei livelli di supporto e resistenza che ci vengono in aiuto per le nostre operazioni di entrata o uscita dal mercato.

Il Pivot Point o punto centrale viene determinato in base ai dati del giorno precedente; basta avere il valore massimo (H), minimo (L) e di chiusura (C) e si possono calcolare i livelli di resistenza e supporti per il giorno successivo.

Le formule sono le seguenti:

- pivot Point = (H+L+C)/3
- primo supporto S1= (2*Pivot) - H
- prima resistenza R1= (2*Pivot) - L
- secondo support S2= Pivot - (R1 – S1)
- seconda resistenza R2= (Pivot - S1) + R1

In questo modo avremo quattro livelli di prezzo, oltre quello centrale, che servono ognuno da resistenza o supporto a seconda di come si sta muovendo il mercato: quando i prezzi raggiungono uno di questi livelli possono o arrestarsi e cambiare direzione o superare il livello, indicando in questo caso che il mercato ha assunto una direzione ben precisa.

Possiamo calcolarci dei diversi livelli di pivot, da quello giornaliero a quello settimanale o mensile in modo da avere più supporti e resistenze di diversa importanza, basta prendere i valori massimo, minimo e di chiusura del periodo temporale prescelto.

Le perdite

Affrontiamo l'argomento meno piacevole di tutti: le perdite. Diciamo subito che il trader di successo non ha paura delle perdite. Certo non le ama, ma le considera il costo dell'attività di trading. Mai farsi coinvolgere emotivamente, non considerare le perdite come una sconfitta personale o come un fallimento. L'obiettivo deve essere sempre quello di contenere al massimo i costi.

Anzitutto una cosa molto importante è sapere quando stare fuori dal mercato. Non si può guadagnare facendo trading tutti i giorni, arriva il momento in cui bisogna stare fuori, osservare e attendere fino a quando non si verifica un preciso cambiamento di trend. Le persone acquistano le azioni perché sperano che saliranno o perché influenzati dai suggerimenti di qualcuno. Questa è la cosa più pericolosa da fare. Non operare mai basandoti solo sulla speranza. Bisogna studiare il mercato, individuare il trend e operare solo in base ai fatti.

Inoltre la paura causa molte perdite: le persone vendono perché credono che i prezzi non smetteranno mai di scendere, allora è probabile che siamo vicini a un minimo. Oppure, chi è rimasto fuori dal mercato compra, poiché teme di perdere la grande corsa, allora è probabile che siamo vicini ad un massimo. Studiate la ragione delle vostre perdite, tenere una posizione perdente è la cosa peggiore che possiate fare.

Bisogna operare seguendo regole ben precise e non in base alla speranza o alla paura, magari seguendo ciecamente i consigli di un'altra persona. Se vuoi agire con fiducia devi essere prima in grado di vedere e conoscere da solo il motivo per cui un'azione andrà su o giù.

Quindi, controllo del rischio senza trascurare l'incertezza dell'evento che sta per verificarsi. Valutate l'incertezza cercando di attribuire una probabilità alla nostra previsione (es. con probabilità del 70% il giorno xx è iniziato un nuovo ciclo annuale la cui ampiezza dovrebbe essere del 40%). Quando guadagni la tua autostima cresce e sei portato a pensare che le scelte siano solo merito tuo. Quando perdi, invece, cambi completamente atteggiamento e solo raramente ti assumi la responsabilità delle perdite. Trovi delle scuse illudendoti che non è colpa tua e quindi continui a ripetere gli stessi errori continuando a perdere. Se vuoi avere successo assumiti le tue responsabilità, studia per conto tuo e fai le tue analisi altrimenti farai la fine del parco buoi, diventerai impaziente ed agirai sempre in base alla speranza ed alla paura.

Ricordati: l'unica causa delle tue perdite sono i tuoi errori. Al contrario, quanti profitti attendersi? Molti fanno l'errore di aspettarsi troppi profitti, pensano di raddoppiare il proprio denaro in poco tempo. Qualche volta può succedere, ma queste opportunità sono molto rare.

Vi siete mai chiesti quanto capitale potete accumulare con un guadagno costante del 20% all'anno per un periodo di 20 anni? Supponiamo di iniziare con un capitale di 10.000 euro. Bene, dopo 20 anni vi ritroverete con la bellezza di quasi 400.000 euro. Se volete giocare d'azzardo andate al casinò, noi dobbiamo fare un investimento cauto limitando i rischi.

Le relazioni fra i cicli

Studiando i cicli ci accorgiamo che, a parte le relazioni di tempo, esiste un'altra relazione abbastanza costante, quella dell'ampiezza. Queste relazioni esistono anche se ci spostiamo dai cicli più lunghi a quelli più brevi, dove troviamo dei rapporti costanti tra durata (tempo) e ampiezza (prezzo).

Diventa, quindi, fondamentale sapere quali sono questi rapporti, per fare delle previsioni attendibili sul futuro non solo in termini di tempo ma anche in termini di prezzo e questo semplicemente usando il passato. Iniziamo dal ciclo annuale dove l'ampiezza media sull'indice della borsa italiana è stata storicamente di circa il 40%. Come ci si arriva? Si prendono tutti i cicli annuali, si calcola l'oscillazione di ogni ciclo ((max-min)/min*100) e si fa la media di tutti i cicli.

Analogamente l'ampiezza del ciclo intermedio, sempre sull'indice italiano, calcolato con lo stesso sistema risulta del 15% circa. Adesso facciamo il rapporto tra queste due percentuali

(40/15=2,65). Ne deduciamo che il ciclo annuale è legato all'intermedio da questo numero. In altre parole che quando il ciclo annuale è al rialzo esso spinge i prezzi con una forza 2,65 volte superiore all'intermedio.

Questo ci dimostra matematicamente il motivo per cui conviene puntare al rialzo solo quando il ciclo superiore è anch'esso al rialzo. Inoltre, nel momento in cui decidiamo di intraprendere un'operazione, sappiamo già a priori quale può essere il possibile prezzo che il mercato potrà raggiungere. Possiamo affinare la nostra analisi separando i cicli al rialzo da quelli a ribasso e calcolare le ampiezze in maniera slegata, in modo da avere dei dati più precisi. Vi invito caldamente a calcolare l'ampiezza media degli altri cicli e a giocare un po' con i vari rapporti; rimarrete piacevolmente stupiti da quanto utili saranno le informazioni ricavate.

Prima di concludere non posso non segnalarvi alcuni casi che potreste incontrare nella vostra operatività trasformando così un'operazione vincente in una perdita. Le chiameremo: la variante tre tempi, la trappola e il testa e spalle.

Le previsioni finanziarie sono una questione di probabilità e il rischio di sbagliare è sempre in agguato. Dobbiamo cercare di minimizzare il rischio e il solo fatto di sapere che questi casi esistono vi deve quantomeno mettere in guardia.

SEGRETO n. 15: l'incertezza non deve essere considerata come un ostacolo bensì un elemento di conoscenza.

La variante tre tempi

Cerca di acquisire il ritmo del mercato, devi vederlo andare su e giù seguendo i cicli. Può però, alcune volte, presentarsi una variante: quella a tre tempi. Cosa vuol dire? Semplicemente che il ciclo invece che rispettare la canonica divisione in due e quattro sottocicli si presenta suddiviso in tre tempi, cioè formato da tre sottocicli e non da due. Nella Figura 25 qui sotto possiamo vedere come il ciclo annuale sull'indice Ftse Mib invece dei due semestrali e dei quattro intermedi è formato da tre sottocicli della durata di circa quattro mesi ciascuno.

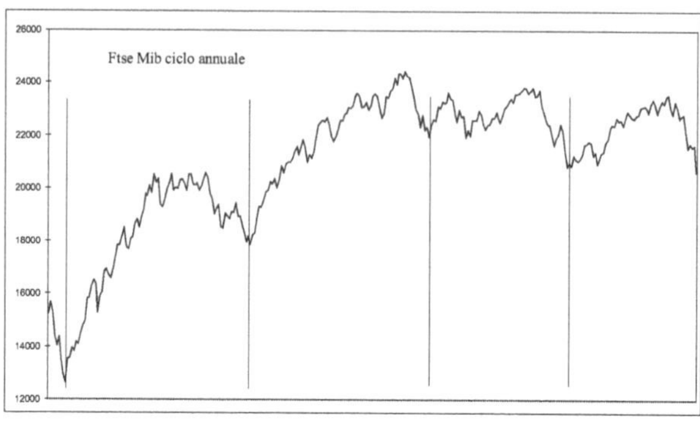

Figura 25

La domanda da fare è: «Come facciamo a capire in anticipo se si tratta di un ciclo normale o di uno anomalo?» Un aiuto ci viene dal tempo; se un sottociclo dura troppo o troppo poco è probabile che qualcosa non vada. *Troppo*, potrebbe essere il caso della figura sopra e siccome alla fine tutti i tempi dei cicli devono sincronizzarsi, qualcuno salta.

Troppo poco vuol dire che se un ciclo settimanale (otto giorni, 64 ore di borsa aperta) dura 50 ore, dobbiamo stare molto attenti perché può essere un tre tempi. In questi casi è consigliabile aspettare e, prima di mettersi al ribasso, lasciar finire anche il secondo sottociclo ed entrare sul massimo del terzo. Al limite se era un ciclo normale si sarà saltata un'operazione. Pazienza si aspetterà la prossima occasione tanto la borsa è sempre lì, tutti i giorni.

SEGRETO n. 16: non si deve tentare di far "funzionare" un ciclo a tutti i costi. O esso si adatta naturalmente e facilmente oppure è meglio scartarlo.

La trappola

Il punto più delicato di un'operazione riguarda il momento e il punto d'entrata. Da questo dipende la riuscita dell'operazione stessa, ecco perché vi voglio mettere in guardia da una possibile trappola abbastanza frequente in cui potete cadere. Guardate la Figura 26 sotto:

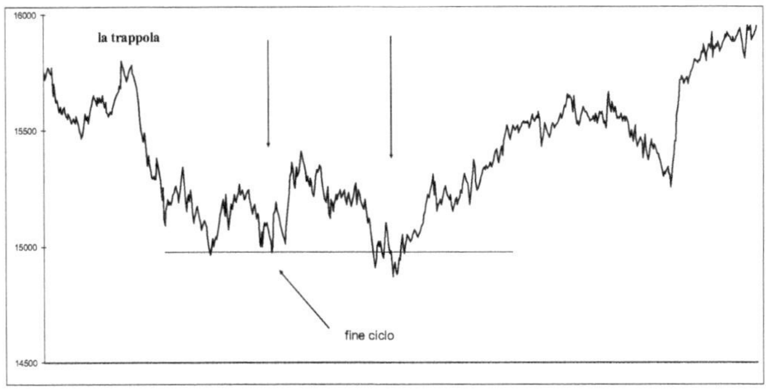

Figura 26

Il ciclo sembra finito: il tempo è scaduto, viene fatto un massimo superiore al precedente, probabilmente anche gli indicatori segnalano una svolta. Cosa facciamo? Proviamo a entrare al rialzo mettendo uno stop sotto il minimo precedente. Operazione perfetta. Il problema è che avere individuato la giusta direzione e il punto d'entrata non è servito a niente perché il mercato si gira e veniamo stoppati immediatamente, tranne vedere dopo poco tempo il mercato riprendere a salire esattamente come avevamo previsto.

Una trappola perfetta che dobbiamo assolutamente cercare di evitare. Ma come? Anzitutto sapere in anticipo che essa esiste ci deve mettere sempre in guardia. Considerate che questo tipo di figura si presenta in almeno il 50% delle inversioni sia nei cicli brevi che in quelli grandi, anzi più è grande questa figura (sia in termini di tempo che di ampiezza) maggiore è il ciclo che va ad iniziare.

Se statisticamente sono molto numerosi i casi in cui ci può essere questa trappola, allora è molto più prudente prima di entrare in posizione, attendere e vedere come va a finire, in modo da ridurre il rischio di errore. Questo rappresenta un vantaggio di proporzioni enormi.

Poi bisogna assolutamente evitare di mettere degli stop automatici. Ricordatevi che i vostri ordini sono in bella mostra e ci sono persone che passano tutto il loro tempo andando a catturare gli stop posizionati tutti insieme negli stessi punti.

SEGRETO n. 17: prefissatevi un livello dove chiudere l’operazione e solo se viene raggiunto e mantenuto per un po’ di tempo, allora fate scattare lo stop. Se proprio dovete metterlo in automatico cercate di non stare in compagnia delle masse.

Infine, anche in questi casi i volumi ci possono venire in aiuto: controllate il loro livello ad ogni minimo e massimo, se non sono coerenti con l’evolversi dell’inversione, possiamo ragionevolmente sospettare che qualcosa non va (ad esempio se sul massimo della figura in formazione i volumi invece che aumentare, come dovrebbe essere, diminuiscono).

Inutile ricordare che anche in questo caso esiste una relazione sia in termini di tempo che di ampiezza tra questa configurazione grafica e il successivo ciclo che inizia. Cosa significa?

Quando riscontrate questo tipo di struttura grafica potete utilizzarla a vostro vantaggio: misuratene l'ampiezza e moltiplicatela per 2, 3 e 4; i valori ottenuti, potrebbero rappresentare la probabile ampiezza del ciclo che va ad iniziare, stessa cosa per il tempo. Naturalmente questo tipo di figure possono formarsi non soltanto sui minimi ma anche sui massimi dove valgono le stesse regole ma al contrario.

Il testa e spalle

Voglio inoltre evidenziare come una figura classica dell'analisi tecnica si può conciliare con l'analisi ciclica: il testa e spalle. Alcune volte il mercato prima di ripartire ha bisogno di una fase di accumulazione e i prezzi per un po' di tempo vanno in fase laterale. Come si concilia questo movimento con i cicli ed il loro conteggio?

In questi casi si avrà quello che possiamo chiamare ciclo di accumulazione, nel senso che l'ultimo tratto del vecchio ciclo e il primo tratto del nuovo si devono leggere insieme formando la classica figura di un testa e spalle di accumulazione. La linea del collo può essere rappresentata da una retta o anche da una media mobile del ciclo superiore. Naturalmente i volumi devono sempre confermare l'intero evolversi della figura, quindi alti sui minimi e bassi sui massimi nel primo ciclo (prima spalla) e alti sui massimi e bassi sui minimi sul secondo ciclo (seconda spalla).

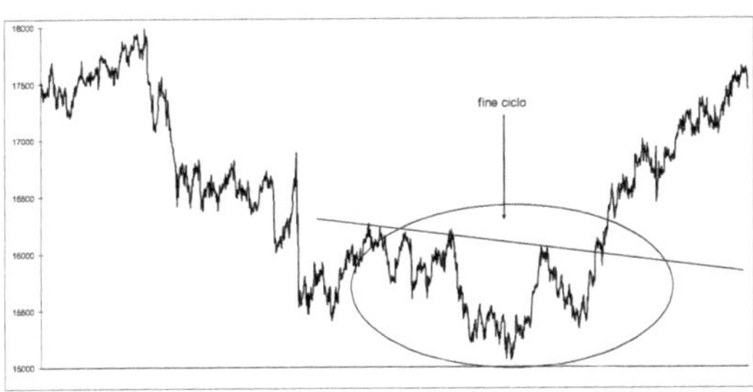

Figura 27

Come al solito un grafico riesce meglio delle parole a farci capire il concetto che si vuole esprimere, in Figura 27 ho rappresentato il caso descritto prima: come potete notare l'ultimo sottociclo ribassista e il primo sottociclo rialzista insieme formano la classica figura del testa e spalle di accumulazione.

Ormai è quasi superfluo ricordare che esiste anche il testa e spalle di distribuzione.

Il Futuro - Analisi ciclica del mercato italiano

In termini secolari la borsa italiana, si sta avviando verso un nuovo ciclo di Kondratieff che, come sappiamo, ha durata di circa 50/60 anni, o almeno verso la partenza di un nuovo lunghissimo ciclo. Quanto più lunga sarà l'accumulazione più grande sarà il ciclo in partenza, potrebbe presentarsi quindi un affare epocale. Ci stiamo probabilmente avvicinando a un importante giuntura d'acquisto di lungo termine.

Ma come facciamo a riconoscere il momento giusto? Qui viene svolto un approfondimento sull'evoluzione del mercato italiano in termini di alternanza, di fasi negative e fasi positive con l'obiettivo di individuare delle epoche future nelle quali potrebbe manifestarsi un cambiamento di trend.

Questo principio si muove, come sempre, sull'assunto che anche in futuro il mercato continuerà ad alternare fasi positive e negative con la stessa cadenza temporale del passato.

Il più antico indice di borsa italiano è quello del «Il Sole 24Ore» con inizio nel 1938=1 (Figura 28). All'inizio di quel periodo il rialzo delle quotazioni viene annullato da un'inflazione elevatissima a causa della guerra in corso. Ma dagli anni '50 inizia il boom economico italiano che da luogo a un rialzo di borsa pressoché ininterrotto fino al 1961 dove viene raggiunto il massimo ciclico dopo quasi 23 anni.

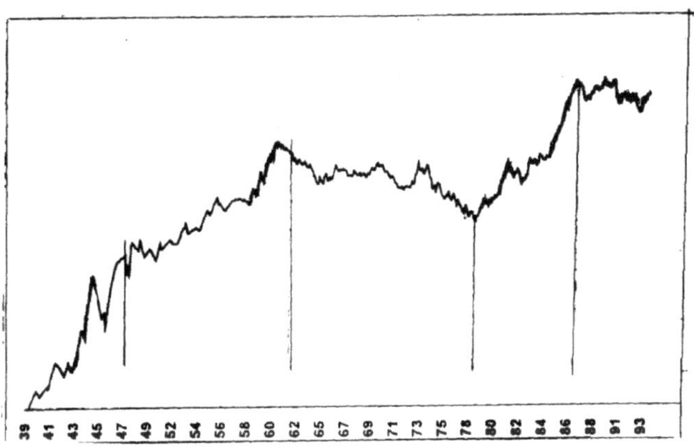

Figura 28

Per avere un'idea dell'ampiezza del rialzo basti pensare che chi possedeva un milione di lire nel 1938 equamente distribuito in titoli azionari si è trovato in possesso nel settembre del 1960 di tante azioni per un valore di 140 milioni di lire nominali e, anche tenuto conto del forte rincaro delle merci nel periodo considerato, non è stato certo un cattivo affare. A questo segue un ribasso della durata di 16 anni con un minimo nel 1977 da dove inizia un nuovo grande ciclo il cui massimo è stato di fatto toccato nel 2000, guarda caso dopo 23 anni (1977-2000), da cui è partita la parte ribassista del ciclo in cui ancora oggi ci troviamo.

I cicli di lunghissimo periodo del nostro mercato, ma più in generale di tutti i mercati dei paesi occidentali, hanno una somiglianza molto pronunciata che riflette il comportamento sempre uguale di avvento, evoluzione, decadenza e crisi di nuove generazioni di operatori in concomitanza dell'avvento di nuove tecnologie e ambienti economici.

Partiamo dal 1977: il primo ciclo di durata inferiore ai 16 anni è il canonico ciclo a 5 anni, circa 60 mesi, che ha interpretato in maniera abbastanza realistica l'evoluzione del nostro mercato negli ultimi decenni. Nel grafico (Figura 29) sotto ho rappresentato l'indice Comit del mercato italiano diviso nei cicli a medio termine della durata media di cinque anni o 60 mesi (con un minimo di 48 e un massimo di 72).

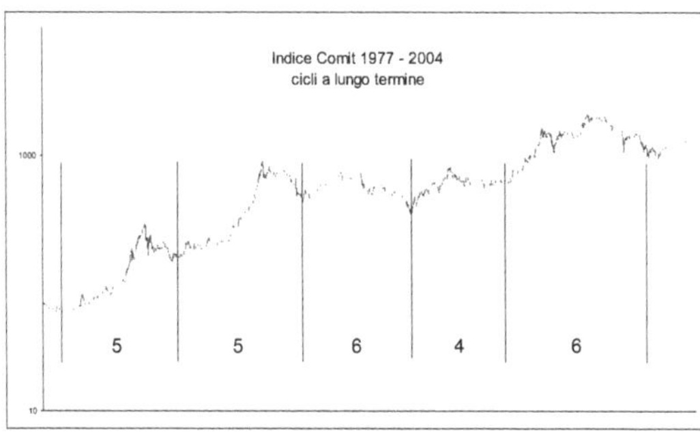

Figura 29

Le osservazioni che si possono fare sono naturalmente tante ma quello che più ci interessa notare è che nel 1977 è iniziato un grande ciclo secolare che ha determinato la tendenza di fondo (in questo caso crescita) ed influenzato tutti i cicli più brevi.

Infatti:

- tutti i cicli inferiori sono stati rialzisti (tranne il terzo);
- i massimi dei cicli medio lunghi sono stati fatti dopo la metà del ciclo;
- i ritracciamenti non sono stati mai superiori al 50%, (tranne il terzo).

Pensare a un movimento lineare ed ininterrotto sarebbe troppo bello, la realtà come vedete è diversa e molto complessa. Infatti all'interno di ognuno di questi cicli si trovano i sottomultipli a 24/30 mesi e quelli più significativi di 12/15 mesi. Infatti, il mercato italiano presenta una prima importante cadenza ciclica tra febbraio e marzo e una seconda tra agosto e settembre.

Verificate la durata sia in termini di tempo che di ampiezza di tutti i cicli e anche se il campione analizzato è ristretto, è possibile tracciarne un profilo di massima e i risultati ottenuti inserirli nel programma di operatività per fare le nostre previsioni.

Quindi, la fine del ribasso di questo grande ciclo iniziato nel 1977, volendo fare delle analogie, dovrebbe terminare intorno al 2016. In ogni caso con il sistema di analisi illustrato dovremmo accorgerci per tempo se tale nuovo ciclo partirà prima del previsto. Cosa ho fatto? In Figura 30 ho messo a confronto il primo ciclo quinquennale (1977-1982) con quello annuale iniziato nel 2012. Perché? Sempre per lo stesso motivo: siamo alla ricerca di eventuali analogie o divergenze che ci possano dare indicazioni utili per il futuro.

Fino ad adesso siamo abbastanza in linea con il vecchio ciclo sia in termini di tempo (notare sia gli intermedi che l'annuale) che di ampiezza.

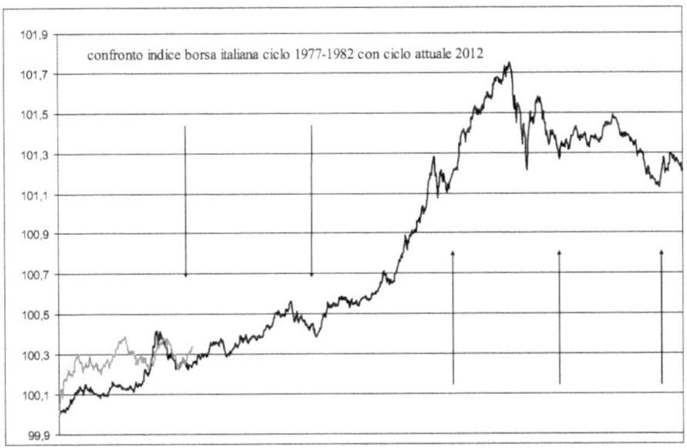

Figura 30

Infine, nella Figura 31 il confronto è fatto tra il ciclo sempre iniziato nel 2012 e quello iniziato nel 2009. In questo caso le analogie sono quasi impressionanti: da notare la perfetta corrispondenza temporale dei primi tre intermedi, mentre riguardo l'ampiezza il nuovo ciclo risulta essere esattamente la metà di quello precedente, segno di minore forza.

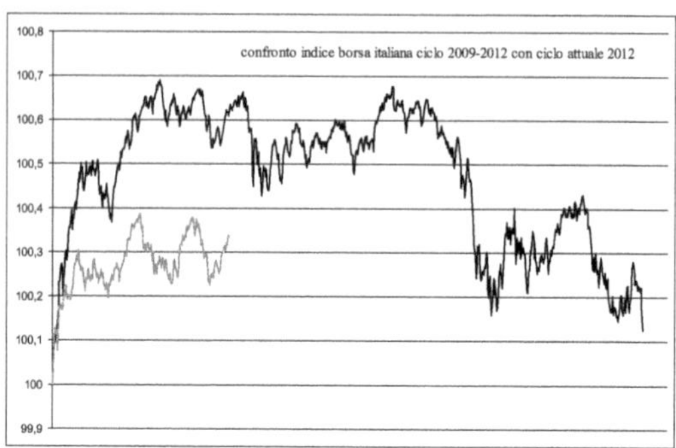

Figura 31

Una cosa è sicura: quando partirà sarà un affare epocale in quanto ci si presenterà davanti a noi un mercato rialzista per almeno un ventennio, dunque un lungo periodo di rendimenti superiori alla media. L'inizio di una nuova primavera. Vi sembra una cosa da poco?

RIEPILOGO DEL CAPITOLO 4:

- SEGRETO n. 14: Il volume anticipa la tendenza dei prezzi offrendo in tal modo un avviso tempestivo di una potenziale inversione di tendenza.
- SEGRETO n. 15: L'incertezza non deve essere considerata come un ostacolo bensì un elemento di conoscenza.
- SEGRETO n. 16: Non si deve tentare da far "funzionare" un ciclo a tutti i costi. O esso si adatta naturalmente e facilmente oppure è meglio scartarlo.
- SEGRETO n. 17: Prefissatevi un livello dove chiudere l'operazione e solo se viene raggiunto e mantenuto per un po' di tempo, allora fate scattare lo stop. Se proprio dovete metterlo in automatico cercate di non stare in compagnia delle masse.

Conclusioni

La differenza tra il successo e il fallimento nei mercati è la stessa che c'è tra un uomo che conosce e segue delle regole ben precise e uno che tende a indovinare. L'uomo che cerca di indovinare di solito perde. Pertanto, se volete avere successo e ottenere dei profitti, il vostro obiettivo deve essere quello di aumentare la conoscenza, studiate sempre, non pensate mai di sapere tutto.

Ciò che i mercati faranno in futuro verrà rivelato dallo spirito di osservazione e dal confronto intelligente con i movimenti passati del mercato, perché il futuro non è altro che una ripetizione del passato. Non ho scelto i grafici per far apparire il metodo perfetto ma quelli più recenti, o quelli che più riuscivano a far comprendere il concetto che volevo spiegare, nonché alcuni casi particolari che si possono incontrare nell'operatività quotidiana.

Il tempo speso per accrescere la propria conoscenza è come del denaro messo in banca. Potete perdere tutto il denaro da voi accumulato o ereditato, ma con la conoscenza potete anche prendere una piccola quantità di denaro e moltiplicarla, se avete speso del tempo per accrescere il vostro sapere. Non aspettatevi che ogni trade sia quello che vi renderà ricchi. Le vostre operazioni devono essere meditate e selezionate, si guadagnerà di più se si opererà per obiettivi e se vi accontenterete di piccole o medie vincite ripetute. Infine, non si è obbligati a operare sempre e ad ogni costo. Quando non si comprende pienamente cosa sta succedendo la cosa giusta da fare è: non fare niente. Ci sarà sempre un'altra opportunità.

Buon trading a tutti.

Bibliografia

L'analisi tecnica, di Charles K. Langford

45 Years in Wall Street, di W.D. Gann

Analisi frattale dei Mercati finanziati, di Lucio Galati

Analisi tecnica e fondamentale di borsa, di Achille Fornasini

Technical analysis of Stocks & Commodities,

The Profit Magic of Stock Transaction Timing, di James M. Hurst

I cicli di borsa, di Giuseppe Migliorino

Technical analysis of the futures markets, di John J. Murphy

Siti internet:

www.tlk-it.com

www.previsioniBorsa.net

www.cicliemercati.it

www.ingramcontent.com/pod-product-compliance
Ingram Content Group UK Ltd.
Pitfield, Milton Keynes, MK11 3LW, UK
UKHW022015190726
13853UKWH00005B/1951

9 788861 746534